LA BELLEZA DE
LA AUSENCIA

Julieta París

LA BELLEZA DE LA AUSENCIA

Asumir lo que no es

 Siglantana

ISBN: 978-84-10179-54-7

Depósito legal: B 10219-2025

Impreso en papel ecológico certificado por FSC®.

Para Clarice y Fermín.
Llave y Puerta,
Cicerones en la ruta de las ausencias.

ÍNDICE

Lo que yo quiero contar es tan delicado como la propia vida.

CLARICE LISPECTOR

INTRODUCCIÓN

Escribes poemas
porque necesitas
un lugar
en donde sea lo que no es.
ALEJANDRA PIZARNIK

Todos echamos de menos a alguien. O algo. Incluso puede que nos hayamos echado de menos a nosotros mismos. La vida está llena de ausencias, que, a su vez, son el espacio para nuevas presencias que nos acechan al otro lado de la puerta.

Lo que no es, es en algún lugar. Lo que no está siendo en este mismo instante en nuestras vidas, hace sitio a lo que sí está siendo. Los que hemos perdido a alguien (que somos prácticamente todos) sabemos bien que ciertas ausencias ocupan más espacio que algunas presencias, y que el eco del silencio puede en ocasiones sonar atronador.

Lo que no hacemos deja sitio a lo que hacemos, del mismo modo que cuando hacemos un viaje dejamos de viajar al resto de los lugares del planeta, o que cuando elegimos un plato en la carta estamos dejando de comer todos los demás.

> **Cada decisión tomada excluye al resto,
> limitando el camino de posibilidades infinitas.**

Habrá quien viva esto como un atroz FOMO (acrónimo de *fear of missing out*, "temor a dejar pasar" o "temor a perderse algo"), pero lo que pretendo con estas páginas es que todo esto sea, más que una fuente de ansiedad, una toma de conciencia.

Llevo las suficientes horas de vuelo (en la vida y en terapia) como para entender que en nuestras limitadas horas de vida no caben todos nuestros sueños ni todos nuestros anhelos. Nuestra existencia se equilibra a sí misma entre lo que es, lo que nos gustaría que fuera, lo que está siendo y todo *lo que no es*, que es, por una clara lógica física, lo más frecuente.

No hay problema con eso, excepto en el caso de que las personas vivan en un absoluto tiempo verbal condicional, en el que el "ojalá fuera" o el "si fuera" eclipsan "lo que es" e impiden aceptar "*lo que no es*".

Definitivamente, vivimos nuestros propios tiempos verbales como si fueran ciudades o equipos de fútbol. ¿Tú de qué equipo eres? "*Yo del pasado simple*", dicen los abanderados de lo que ya fue… "*Yo del futuro condicional*", dicen los del "hasta que no lo vea no lo creeré". Los hay que viven en el pasado, en un tiempo pluscuamperfecto, si bien la mayor parte de las personas que conozco juegan en el equipo de la condicionalidad (pasada o futura). Y, aunque en mi anterior libro defendí seriamente los gerundios, hoy vengo a reivindicar el presente simple, lo que es, y especialmente su reverso: lo que no es.

Nos insisten en la aceptación, y en los riesgos de la negación de la realidad. Nos insisten en aceptar lo que es, y en cambio nadie nos ha enseñado a aceptar lo que no es. Como decíamos, son más los sueños que no se cumplen que los que sí. Hay más amores no correspondidos que "respondidos" y, quizás afortunadamente, más cumbres por ascender que ascendidas. Sin duda, es necesario detenerse a mirar *lo que no es* con la misma atención con la que nos perdemos en lo que es.

> **Aceptar lo que no es es tan importante como aceptar lo que sí es. De hecho, como ya hemos dicho, ambas conviven incesantemente.**

Decir que *lo que no es* está siendo en algún lugar no es sólo un juego de palabras, es física y es lingüística. Quizás hayas escuchado alguna vez la anécdota de León Tolstói, su hermano y el oso blanco. Cuenta la historia que un joven León Tolstói quería salir con uno de sus hermanos. El hermano, que no quería llevar a su hermano pequeño con sus amigos, le planteó un reto: "Quédate en casa sentado hasta que dejes de pensar en un oso blanco. Cuando dejes de pensar en el oso blanco, podrás venir con nosotros". Al joven León, sin duda, este reto le pareció sencillo y asequible, así que aceptó con ganas. Su hermano mayor se marchó con sus amigos tras dejarle indicaciones de dónde encontrarlos cuando dejara de pensar en el oso blanco.

León nunca acudió a la cita, porque no consiguió dejar de pensar en el oso blanco. Cada vez que iba a asegurarse si estaba pensando o no en el famoso oso, veía que seguía pensando en él, porque basta con que no queramos pensar en algo para que solamente pensemos en eso.

Quizás no te suene esta historia pero hayas leído a George Lakoff diciéndote que no pienses en un elefante.

Ambas anécdotas demuestran la inutilidad de intentar dejar de pensar en algo, además de la ineficacia de tratar de procesar el no, porque nuestro cerebro no procesa el no (de hecho, aquí tengo que escribirlo dos veces para que lo puedas procesar).

Nuestra mente siempre necesitará una imagen con la que asociar los pensamientos. Es decir, sea lo que sea lo que expresemos con palabras, nuestro cerebro tratará, en todo momento, de crear una imagen al respecto. Por ejemplo, playa. O pelota. Montaña. Perro. Pero también huida. Felicidad. Presente. Amor. Sea cual sea la palabra que enuncies, tu cerebro cazará una imagen para elaborarla. Todas las palabras pueden ser traducidas a imágenes. Todas excepto una: NO.

El "no" no tiene una representación en imágenes a la que agarrarse, por eso su única opción es ir al siguiente concepto, el "fumes" de "no fumes", el "comas" de "no comas", el "me dejes" de "no me dejes" o el "te quiero" de "no te quiero", y, una vez mencionado, negar esa imagen. Esta es una de las razones por las que siempre les pido a mis pacientes que nunca piensen en lo que quieren evitar, sino en lo que quieren conseguir.

Una vez entendido esto, asumir que *lo que no es* está siendo en algún lugar adquiere una consistencia indiscutible.

Lo que no es, definitivamente *es*, y es algo que sabes muy bien. Porque ¿cuál es tu anhelo? ¿Cuál es tu deseo? ¿Cuál es tu ilusión? Seguro que puedes responder fácilmente, pero si te pregunto "¿cuál es 'tu no es' más importante en este momento de tu vida?" posiblemente tu respuesta sea incluso más rotunda.

En las siguientes páginas pretendo que encuentres lo que es en *lo que no es*, que es el reverso de lo que te gustaría que fuera. Y, también, que entiendas que para llegar al oasis de *lo que es* hay que atravesar el desierto de *lo que no es.* De eso va este libro.

> **Existen ausencias insustituibles, por supuesto, pero otras son el espacio necesario para lo que nos espera por vivir.**

Cierto es que nadie puede acompañarnos en nuestras ausencias, porque son intransferibles y únicas, pero las personas que nos aman sí pueden asomarse, y esperarnos fuera, al otro lado del hilo, del mismo modo que Ariadna esperó a Teseo en su viaje al laberinto. Tampoco nadie puede evitarnos la falta, la carencia o la ausencia, por eso es tan importante disponer de una hoja de ruta.

Este libro comenzó a gestarse hace muchos años, en una época en la que sentía que faltaban muchas cosas. En cambio, un mes de enero, redactando mi carta-ritual a esa maravillosa leyenda que son los Reyes Magos, pedí a sus majestades que no me trajeran nada, pero sí que se llevaran cosas. Ahí me di cuenta de que, en realidad, no faltaba nada, pero sí sobraba. Donde yo sentía que faltaba seguridad, sobraba mucha incertidumbre. Donde sentía que faltaba compañía, sobraba soledad. Donde sentía que me faltaban certezas, sobraban mentiras. Ahí entendí que todo lo que no era ocupaba demasiado espacio para lo que realmente anhelaba.

Más tarde, en el proceso de escritura de este libro, me atropelló una gran presencia. Durante unas semanas, no pude escribir nada. Hasta ese momento el libro se titulaba, en mi documento, *Lo que no es,* por eso no fui capaz de escribir cuando todo fue. Solamente después entendí que aquella imponente presencia fue el resultado de haber aprendido a manejar mis ausencias, y que la ausencia es bella no en sí misma, sino porque en ella (en *lo que no es*) cabe todo lo susceptible de ser.

La ausencia, las ausencias, supusieron una travesía por el desierto de la cual solamente había dos salidas (como las de Teseo en el laberinto): o la muerte literal, o la metafórica. La primera es un final. La segunda es una profunda transformación. Y aquí estamos.

Por eso, este libro está escrito desde las ausencias sanadas, desde el momento en el que entendí que, lo que he sentido en algún momento que faltaba, en realidad "estaba siendo", y que la ausencia es, precisamente, un tipo de presencia.

Es inevitable rendirse a la evidencia de la ausencia. Su huella está por todas partes. Mira a tu alrededor. Calcetines desparejados. Las cucharillas que desaparecen en el cajón. Las copas de cristal, que después de aquel accidente en el fregadero ahora son impares. Ese pendiente que echas tanto de menos. La sombra en el suelo, huella indeleble tatuada por el sol de aquella alfombra que tuviste tantos años. Hasta los cuadros muestran su ausencia en la sombra que dejan en la pared.

> **La ausencia, definitivamente, puede verse cuando te atreves a mirar. Echamos de menos lo que nos falta con la misma certeza con que acogemos todo lo que sí tenemos.**

La ausencia, es decir, *lo que no es*, es cuestión de tiempo. No es pesimista pensar que algo no será en algún momento. Es realista y nos invita a ubicarnos con lo que es desde otro lugar. La ausencia no es igual si viene de una presencia, o si es la continuación de otra ausencia, del mismo modo que, por ejemplo, no se vive igual una soltería después de una ruptura amorosa que una soltería prolongada en el tiempo.

Puede que lo que no sea en tu vida en estos momentos sea la libertad, y vivas más atrapado o atrapada en una vida que no te agrada y que está lejos de lo que te gustaría. Quizás lo que no es es tu salud. O la de un ser querido, con todo lo que eso implica. Quizás "tu no es" más importante es tu embarazo anhelado, con toda la vida que significa y la equipotencialidad que cabe en una vida que no es. Quizás "tu no es" actual sea el amor, o una pareja, aunque piénsalo por un momento: ¿realmente crees que son lo mismo? A mí me parece que, a veces, amor y pareja se bifurcan, aunque de eso hablaremos en el capítulo pertinente. Quizás "tu no es" es la seguridad y navegas en un mar de incertidumbre, sin poder visualizarte dentro de unos meses. Quizás "tu no es" actual es la alegría o la satisfacción vital, y sientes que vives en un banco de niebla. Quizás, y sólo quizás, te has perdido a ti misma o a ti mismo en una encrucijada existencial.

Creo que hacen falta muchas horas de terapia, o en su defecto toneladas de honestidad, para llegar a ser capaces de responsabilizarnos de nuestra propia vida y dejar de culpar a los demás por lo que nos pasa, por lo que nos pasó, por lo que es o incluso por lo que no es. Es evidente que, en un primer momento, las formas de hacer –o no hacer– del otro nos irrumpen o interrumpen, nos aportan o nos descuentan, pero al final, y siempre en última instancia, somos nosotros los responsables de la gestión de lo que está sucediendo. Los psicólogos repetimos muchas veces que las cosas no son (o al menos sólo) como pasaron, sino que son como se vivieron, y eso es nuestro. Aunque matizado por nuestra historia, por nuestras particulares tradiciones, pero es ahí donde se nos abre la opción del reencuadre, es decir, mirar lo viejo con ojos nuevos, o desde una nueva perspectiva. Reencuadrar las ausencias, es decir, mirarlas de frente y dejar de evitarlas, es una de estas opciones que darán otra consistencia a nuestra vida.

Cuántas veces se confunden las palabras responsabilidad y culpabilidad, mezclándose de forma tóxica y punitiva. La peor versión combinando esas dos palabras es, en mi opinión, *"yo no me responsabilizo y además te culpo"*. Si bien es cierto que mucha gente se culpa a sí misma de todo, mi experiencia es que son muchísimas las personas que culpan a los demás de lo que les pasa y especialmente de lo que no les pasa.

La culpabilidad nos fragmenta si habita dentro, y nos desconecta si la disparamos fuera. La responsabilidad nos pesa y hace que en ocasiones agachemos la cabeza, el alma e incluso el cuerpo, pero solamente para poder levantar el vuelo y la mirada después, al sentir la lección aprendida. Asumamos que las cosas siempre pueden ser distintas, y asumamos de una vez por todas que todas las situaciones entrañan una (aunque a veces no lo parezca o sea mínima) oportunidad de aprendizaje.

> **Tenemos que aprender a diferenciar lo que no es de lo que ya no será, de lo que nunca fue, y asumir nuestra responsabilidad en todo ello.**

Soy plenamente consciente de que la vida no es dicotómica, por eso asumo que pueda parecer un poco reduccionista hablar en términos de opuestos. La intención es absolutamente orientativa; si lo piensas bien, no son opuestos: son continuos. Entre la salud y la enfermedad caben multitud de estados intermedios. Entre la alegría y la melancolía también. Entre el amor y la soledad hay un amplio abanico de perfiles sentimentales a los que adherirnos, o de los que huir. Asimismo, hay diferentes tonalidades entre la conexión y la envidia, porque no todas las envidias son fatales, y porque algunas pueden incluso inspirarnos y motivarnos a ser mejores, o a hacer las cosas distintas y, por supuesto, entre la verdad y la mentira. Incluso entre la vida y la muerte, porque, en definitiva, hay vivos muy muertos y moribundos plenamente conscientes de la vida. De todo esto vamos a hablar en las próximas páginas. De cómo *lo que no es* es lo más real, y de cómo podemos ubicarnos en la fracción del continuo que más nos conecte a la vida y a su sentido, que también es.

> **Lo que no es es el campo de cultivo de todo lo que sí será, y de lo que ya está siendo en algún lugar debajo del ruido y de la velocidad desde la que –y con la que– a veces vivimos.**

Vamos a verlo.

CUANDO LO QUE NO ES, ES LA SEGURIDAD: LA INCERTIDUMBRE

"Nunca es siempre así"

BUDA

Es paradójico que una de las cosas más certeras de nuestras vidas –y certeza es sinónimo de certidumbre– sea la incertidumbre. La vida es: sin lugar a duda, pura incertidumbre. Y eso nos hace sufrir. Porque todo aquello que está fuera de nuestro control nos provoca sufrimiento, aunque es cierto que a algunas personas más que a otras.

Asumir la incertidumbre no es solamente ser capaces de gestionar que nuestras vidas puedan girar y cambiarlo todo en un segundo, es que hemos expulsado la sorpresa y el asombro de lo cotidiano. Piénsalo bien: ¿dónde ha quedado la capacidad de sorprenderse en una sociedad en la que lo sabemos todo antes de que pase? Puedes leer la reseña de una película –*spoilers* incluidos– antes de ir a verla. Si vas a probar un restaurante, has podido estudiar previamente la carta, la de vinos, la de postres y el listado de alérgenos. Con una analítica de sangre puedes conocer el sexo del bebé a las ocho semanas de gestación. Con una aplicación en tu teléfono puedes seguir la trayectoria de ese avión en el que viajan tus seres queridos para ver, en tiempo real, la hora exacta a la que llega e incluso la puerta de desembarque. No creo que haga falta que enumere todas las cosas que podemos programar con un teléfono inteligente, ese que nos hace tontos o nos avisa con antelación de cuándo vamos a estar ovulando o de las horas de sueño profundo que necesitamos esta noche, o con el que incluso podemos encender la calefacción a varios quilómetros de distancia de nuestra casa.

Vamos, que lo tenemos todo controlado. De hecho, lo tenemos todo tan controlado que nos estamos atrofiando en lo importante, es decir, en la gestión de la incertidumbre. Lo tenemos todo tan controlado que, cuando algo no funciona o se sale de control, nos ahogamos en una inquietud inasumible. Lo tenemos todo tan controlado que nos perdemos en las demandas cotidianas de la vida, porque éstas son incontrolables, y muy difíciles de anticipar.

SUFRIMIENTO GENERA SUFRIMIENTO

Los seres humanos, por lo general, somos seres sufrientes. Sufrimos más de lo que nos contamos. Sufrimos por más cosas de las que compartimos, y en general creo que sufrimos tanto porque como especie tenemos mucha aversión y resistencia a las circunstancias dolorosas e incómodas de la existencia, que a su vez son incontables. Es cierto que –al menos hasta cierto punto– como especie hemos evolucionado a través del sufrimiento, y, aunque nos cueste aceptarlo, por lo general aprendemos más de lo que nos hace sufrir que de aquello que nos hace felices, básicamente porque cuando sentimos felicidad tendemos a disfrutarla y no analizarla, y cuando sufrimos tendemos más a planear y buscar recursos que minimicen ese sufrimiento que a sentirlo. Por todo lo anterior, deberíamos ser capaces de gestionar el sufrimiento que nos genera el propio sufrimiento, y convertirlo es una oportunidad para la autorresponsabilidad.

> **Recuerda que tan importante es cómo reaccionamos a lo que nos pasa como aquello que nos pasa.**

El budismo lo expresa claramente. La primera de sus cuatro nobles verdades es precisamente que *la vida conlleva sufrimiento.* La segunda y la tercera de las nobles verdades hablan de la causa y del fin del sufrimiento respectivamente, y la cuarta trata sobre cuál es el camino a seguir para conseguirlo.

Para mis pacientes, mis amigos o mi familia, existen tantos tipos de sufrimiento como situaciones vitales que no controlan, y ante las que sienten o sentimos impotencia. Estoy segura de que a ti te pasa lo mismo. Para los budistas, que ya hemos visto que son muy buenos clasificando y ordenando, existen ocho tipos de sufrimiento. Para ellos, nacer provoca sufrimiento, pero envejecer también. Morir es el sufrimiento principal. Quizás te parezca menos evidente, pero igualmente sufrimos cuando nos encontramos con lo desagradable (enfermar, por ejemplo), o cuando nos separamos de lo agradable (separarse de las personas a las que amas, por ejemplo). Además, no encontrar lo que se busca también es sufrir. Parece entonces que sufrimos no sólo porque nos apegamos a la impermanencia –es decir, que no aceptamos que las cosas cambian incesantemente– sino porque constantemente estamos expuestos a realidades que se escapan a nuestro control. No sabemos cómo va a ser el parto de nuestro hijo, ni siquiera sabemos si irá bien. Tampoco el día ni el modo de nuestra muerte, aunque los cabalistas aseguran que venimos con esa información en algún lugar de nuestra alma, y que afortunadamente la olvidamos para, precisamente, aprender a manejar la incertidumbre de no saber. No sabemos en qué momento nuestro cuerpo gritará en forma de síntomas o se silenciará para siempre. Al final, Sócrates tenía razón, porque todo se resume en que no sabemos nada, aunque creemos saberlo todo, porque lo más importante de nuestras vidas y de las vidas de nuestros seres queridos nunca lo veremos venir.

Separarnos –para siempre, en la muerte, o en la distancia, o por un divorcio incómodo– de las personas a las que amamos y que nos amaron será siempre una espada de Damocles en nuestra conciencia. Y cada día, o muy frecuentemente, nos encontraremos persiguiendo anhelos que serán muy difíciles de alcanzar. Básicamente, en estas líneas está la vida misma. Está el sufrimiento, sí, pero también el goce de enamorarnos, de conocer a nuestros hijos –si decidimos y si podemos tenerlos–, de vivir, de lograr nuestros sueños; de exprimir, en definitiva, el viaje de nuestra vida. Por eso, quizás nos ayudaría no tomarnos el sufrimiento como algo demasiado personal y aceptar de una vez por todas que lo único seguro en nuestras vidas es la impermanencia.

> **Lo único seguro es la incertidumbre que habitamos.**

No obstante, la vida en ocasiones nos da pistas. A veces sospecho que estamos rodeados de recuerdos del futuro. Estamos rodeados de pistas, de fechas claves, de personas inevitables, de encuentros rotundos. Algo que te llama la atención hoy desvelará su importancia mañana. Algo que es importante hoy desvelará su sentido dentro de un tiempo. Y algo que hoy es una anécdota mañana te demostrará ser necesario e inevitable. Dicen que lo que es para nosotros siempre llega. Digamos que siempre nos encuentra, aunque no estemos en casa cuando llegue el mensajero. No te negaré que a veces lo he dudado, pero después te das cuenta de que la vida siempre tiene razón, lo que pasa es que tiene sus tiempos. Pero lee bien: *sus* tiempos, y esos nunca son los tuyos.

> **Podemos convertir la incertidumbre en nuestra aliada, y eso, sin ninguna duda, va a darnos seguridad.**

Me consta que para algunos la vida se (nos) pone, a veces, un poco en modo *scape room*, pero siempre, absolutamente siempre, hay salida. Estamos hablando de que lo único cierto es el cambio, y me doy cuenta de que dentro del cambio existe otra gran certeza en nuestra existencia, y es que todo pasa, y que esto que sientes hoy también pasará. Hace muchos años conocí a una mujer que, en un momento delicado de su vida, se regaló un anillo muy especial. Ese anillo simbolizaba una especie de matrimonio consigo misma, un compromiso con una nueva versión de sí a la que prometió cuidar en la riqueza y en la pobreza, en la salud y en la enfermedad. Dentro del anillo no necesitó grabar su nombre, pero encargó grabar "todo pasa", la versión corta de *"esto también pasará"*, ya que era lo que cabía en el grabado de una sortija. Una gran amiga, hace muy poco, decidió tatuarse también "Todo Pasa", un anclaje fabuloso al que amarrarse en momentos de turbulencias, porque las tormentas pasan, y vendrá la calma. Pero la calma igualmente pasará, y vale la pena estar preparados para cuando lleguen las inevitables tormentas. *"Esto también pasará"* es un famoso aforismo persa que viene a recordarnos que ningún asunto de la vida –ni la vida misma– dura indefinidamente.

A veces, además de un *scape room*, la vida parece un juego de pistas. Es como si jugáramos al juego de la oca (recuerda: la vida es una partida gigante del juego de la oca) y se convierte en una gincana, una carrera de orientación con premio. ¿El premio? Tú eres el premio. En realidad, el premio es tu sonrisa, pero esa que nace desde dentro, desde el alma. Esa sonrisa genuina. Tu satisfacción y tu calma. Esa sensación que brota desde lo más hondo, como cuando uno vuelve a casa y se sienta en el sofá después de un largo viaje y se siente a gusto en y con su vida. ¿Reconoces ese sentimiento de satisfacción por la vida? ¿De profunda e imperturbable calma? Los filósofos la llaman *ataraxia*. Así que observa a tu alrededor. La puerta de salida a una situación que percibes como "sin salida" está escondida en tu presente. Las anécdotas de hoy son la pista de lo que mañana será importante para ti; lo que intuyes tiene respuestas, y quien menos te esperas guarda un regalo para ti. Abre los ojos.

UNA VIDA LLENA NO ES UNA VIDA PLENA

Siento que, por lo general, la gente confunde tener una vida plena con una vida llena. Tememos de tal forma al vacío (y al silencio, que no deja de ser vacío de ruido) que llenamos la vida de gentes, cosas y objetivos; no sea que la soledad, el espacio y el tiempo se nos coman. Obviamos que una vida llena no es lo mismo que una vida plena (si bien en catalán llena se dice plena…, ojo con eso…); es decir, que en realidad existen dos formas de estar "lleno" (una buena y una mala), pero también dos formas de estar vacío (una buena y una mala).

Las formas buenas de sentirnos plenos o vacíos para mí son sencillas: pleno de *plenitud* y vacío de *limpio, ordenado, con sitio para lo que venga*. Las versiones malas son, desgraciadamente, bastante comunes: lleno de *desbordado*, donde no cabe nada más (ni material ni existencialmente hablando), y vacío de *hueco*, sin semilla ni vida. Confío en que encuentres la manera de alcanzar las primeras, las formas buenas, y que puedas sentirte pleno o plena y, al mismo tiempo, con espacio para lo que viene.

A veces pienso que, conforme vamos cumpliendo años, se hace inevitable eso de ser equilibristas entre lo que es y lo que no es, entre lo que nos gustaría que fuera y lo que es, entre lo que soy y lo que me gustaría ser. Navegamos entre polaridades por las que pendulamos sin red de seguridad.

Si la incertidumbre y el cambio son lo único cierto, la búsqueda de la seguridad se convierte entonces en la búsqueda de nuestro particular Santo Grial.

El equilibrio será el punto medio, especialmente el equilibrio entre ese estar pleno y ese vacío desde el cual tener el espacio suficiente para reconstruirnos.

Te voy a dar una pista para tu equilibrismo: busca la facilidad.

Allí donde sea fácil, allí es.

A nadie se le hace fácil vivir en una vida llena donde no hay espacio para respirar, o en una vida hueca donde lo único que suena es el eco de la vida que no es. Recuerda:

> **Una vida llena no es una vida plena. Así que...
> ¿de qué te vas a liberar próximamente?**

Diría que hace falta cierta humildad para reconocer que la vida tiene sus tiempos, y asumir que esos tiempos no son los nuestros requiere de ese tesoro llamado paciencia. Y qué difícil es tantas veces. Siempre explico que, para mí, paciencia y confianza son hermanas. Eso significa que en realidad, cuando nos decimos "ten paciencia", nos tenemos que decir "confía", y que muchas veces, cuando nos decimos "confía", nos estamos diciendo "espera". Y qué difícil es tantas veces.

Yo solo sé que en ocasiones también dudo de muchas cosas. Que, como tú, sufro episodios de indefensión o de absoluta incredulidad. Pero también he aprendido con los años (y ya tengo unos cuantos) que la vida acaba sorprendiéndote y hasta premiándote; que la realidad supera la ficción, y que, igual que dicen que cada día leemos noticias inverosímiles, *lo único imposible es que lo improbable no suceda*. Esta es una de las frases que más utilizo con mis pacientes. Por lo general, confundimos lo improbable con lo imposible, cuando en realidad ambas plantean escenarios muy diferentes. Cuando algo es imposible, es imposible, y punto. Pero, cuando algo es improbable, la posibilidad de que ocurra es, a menudo, cuestión de tiempo. Porque se trata de aceptar eso, que es tiempo. Es paciencia. Y es confianza. Y ojo, porque frecuentemente la paciencia no es una espera pasiva: es una espera llena de vida, y llena de pistas en esa vida hacia lo que te espera, hacia aquello que es para ti. Y que de igual forma camina irremediablemente en tu dirección. Lo inevitable es siempre cuestión de tiempo.

Hay tantas cosas que no sabemos, y no hablo de lo incognoscible (lo que nadie sabe, exceptuando quizás los maestros ascendidos o los grandes sabios), no hablo de lo que no sabemos de geografía, química, física o cultura general. Me refiero a lo que, en esencia, desconocemos. La vida está llena de verdades incómodas en las que no nos detenemos a pensar, como, por ejemplo, que nadie ha visto su rostro directamente o que nadie ha escuchado su voz directamente. Cuando son pequeños, tus hijos no conocen tu nombre. Sabes que vas a morir, pero no sabes cuándo. Sabes que todas las relaciones que hoy, ahora, son importantes para ti, un día van a terminar. Asimismo, debes recordar que, hagas lo que hagas, siempre va a haber alguien a quien no le gustes. No quiero deprimir a nadie, solo pretendo posar la mirada en aquello en lo que no pensamos nunca pero que está aquí, delante de nuestras narices. Aceptar esto te ahorrará muchas horas de sufrimiento, pero no te hagas responsable de lo que otros tienen por resolver.

MANEJAR LA INCERTIDUMBRE

El manejo de la incertidumbre se manifiesta con ansiedad. Por eso, si hablamos de incertidumbre es imprescindible hablar de ansiedad, porque además vivimos en una sociedad ansiosa, aunque es importante tener en cuenta que no todas las ansiedades son iguales. Existe una patológica, incapacitante, pero también existe una ansiedad que es en realidad la activación por lo extraordinario. Conviene recordar que, si dejamos de hacer lo cotidiano, éste se vuelve extraordinario, y todos nos activamos cuando hacemos algo por primera vez o cuando hacemos algo que hace mucho que no hacemos. Es necesario identificar esto, pues así nos daremos cuenta de que la mayor parte de las cosas a las que llamamos ansiedad no son ansiedad, sino activación.

La Organización Mundial de la Salud nos aporta datos y cifras escalofriantes: estima que los trastornos de ansiedad (la que hemos considerado antes patológica) son los más comunes del mundo. Repito: los más comunes del mundo. Piensa que los trastornos de ansiedad afectaron a más de 300 millones de personas en 2019. Tengamos en cuenta que 2019 fue el último año de calma antes de la pandemia mundial de COVID-19, que nos llevó a todos al borde del abismo. Eso significa que a esos 300 millones de individuos se les han sumado muchos más.

La ansiedad no es un mal moderno. Es un mal humano. Los síntomas o los trastornos, o los síndromes, o las enfermedades, no aparecen una vez se les da una nomenclatura. Ya estaban ahí, posiblemente desde hace tiempo, cuando por fin se les da nombre. Ha pasado con el cáncer, con la esclerosis múltiple, con el Alzheimer y, por supuesto, con la ansiedad. El ser humano lleva sintiendo ansiedad desde el principio de los tiempos. No tengo pruebas, pero tampoco dudas. Quizás la diferencia está en que la ansiedad de nuestros antepasados era real, con amenazas reales que ponían la vida en peligro, y que la que sentimos ahora está inspirada por nuestra impagable capacidad de imaginar situaciones que nunca se darán y que ponen más en riesgo nuestra imagen que nuestra vida.

Es paradójico que, en una sociedad como ésta, en la que disponemos de todo tipo de facilidades, incluso de aquellas que nuestros abuelos fueron incapaces de imaginar, la ansiedad sea el principal trastorno psicológico. Estoy segura de que tú, que lees estas líneas, has recibido su visita en algún momento, quizás no hace tanto tiempo. De hecho, los síntomas que hoy relacionamos con la ansiedad (opresión en el pecho, aumento del ritmo respiratorio) aparecen en tratados médicos del siglo XVIII, siendo considerados enfermedades en sí mismos. A mediados del siglo XIX, Søren Kierkegaard publicó *El concepto de angustia*, influyendo de forma absoluta en el desarrollo de la psicología posterior[1]. Es cierto que angustia y ansiedad plantean algunas diferencias, pero sin duda la reflexión de Kierkegaard en su ensayo fue clave para el desarrollo ulterior del concepto *ansiedad*.

A finales de ese siglo, el término *ansiedad* ya se utilizaba en psiquiatría. Ahora, transcurrido el primer cuarto del siglo XXI, es una de las palabras más utilizadas, más sentidas y más sufridas. ¿Te suena? Se estima que, a nivel mundial, se pierden 12.000 millones de días de trabajo por la ansiedad y la depresión. Me pregunto cuántas cosas has perdido tú por su culpa. También, cuántos kilos has ganado, y, por supuesto, cuántas noches has pasado en vela.

La ansiedad surge, originariamente, como un mecanismo de defensa, lo que no es muy adaptativo en una sociedad como la nuestra, donde tenemos más que cubiertas –desbordadas– nuestras necesidades básicas; aunque me pregunto hasta qué punto este exceso también puede provocarla.

En principio, sí, la ansiedad es adaptativa, y surge como una reacción a las demandas del entorno. Lo que además significa que nos ha servido en el pasado y que nos debería servir en el futuro. Por eso mismo es muy paradójico que uno de los principales trastornos de ansiedad que vemos los psicólogos en consulta sea el llamado trastorno de ansiedad por adaptación, teniendo en cuenta que la ansiedad sirve para adaptarse y que la vida implica una constante

---

1 Creo necesario recordar lo mucho que la psicología le debe a la filosofía.

adaptación a todo lo que nos pasa, incluso a lo que no nos pasa. Puede que a ti te resulte más familiar el trastorno de ansiedad generalizada, que parece más bien un cajón de sastre para recoger todos los síntomas físicos y psíquicos que la desencadenan.

Ya hemos dicho que los trastornos de ansiedad tienen una prevalencia alta, del 12 % en la población. En el *ranking* de nuestros problemas de salud (datos para España) la medalla de oro la tienen los problemas de colesterol y triglicéridos; la medalla de plata, es decir, el segundo puesto, la hipertensión arterial, y la de bronce, los problemas de columna vertebral. La ansiedad aparece en cuarto lugar. No obstante, me pregunto cuántas de estas personas conviven, además de con sus problemas de salud, con problemas de ansiedad derivados de su situación física. Más adelante aparecen los problemas del sueño. La depresión está en el lugar número quince. Y, en la mayoría de estos casos, la prevalencia es mayor en las mujeres que en los hombres.

Me pregunto: ¿somos las mujeres más proclives a padecer más problemas de ansiedad que los hombres, o tenemos mayor autorización social para expresarla? Apuesto por la segunda opción.[2]

La ansiedad se convierte en patológica cuando es desadaptativa, limita nuestra vida y es desproporcionada a la demanda que la dispara. Una ansiedad patológica se acompaña siempre de una sintomatología física que hace incompatible la vida con su transcurrir cotidiano. Parece entonces que hemos perdido nuestra habilidad más esencial y que

2 (Fuente: Caracterización de los problemas de salud no transmisibles a partir de los registros clínicos de atención primaria (BDCAP) para datos de 2021).

lo que nos tendría que servir para sobrevivir en realidad nos hace malvivir.

Llegados a este punto, debemos diferenciar esa ansiedad normal que todos hemos sentido o vamos a sentir en algún momento –puntual, concreta, como respuesta a una demanda muy específica, especialmente ante eventos nuevos o extraordinarios– de aquella inasumible y paralizante que nos detiene la existencia. Ésta es la que sobra, y es la que hace que nos falte seguridad.

En esta línea conviene que vayamos diferenciando una ansiedad más puramente fisiológica –que hemos explicado más arriba– versus una ansiedad psicológica, hija de la anticipación. Ante la fisiológica no vamos a poder hacer demasiado, puesto que va a ser una respuesta inmediata a algún estímulo de la realidad demandante. De hecho, ya hemos dicho que es muy posible que padezcamos todos –o algunos– de estos síntomas cada vez que nos enfrentemos a algo nuevo que nos importe e interese. La ansiedad ante la que sí podemos hacer algo es aquella que surge de la anticipación.

> **Recuerda que el lugar
> desde el que afrontamos
> la realidad es diferente del lugar
> desde el que la imaginamos.**

Por eso, por lo general, y aunque resulte contraintuitivo, afrontamos la realidad mejor de lo que la imaginamos, porque la imaginamos sin recursos y con fatalidad. En cambio, y afortunadamente, la afrontamos siempre desde el recurso. La razón es que, en la imaginación, la supervivencia no está implicada, en cambio, en el afrontamiento, o actuamos o pensamos, y lo segundo no da lugar.

Somos expertos funambulistas, caminamos sobre una cuerda floja que separa dos ilusiones, la ilusión de lo real y la ilusión de lo ideal, es decir, la ilusión de *lo que es* versus la ilusión de *lo que no es* y podría ser. Es la distancia entre lo ideal y lo real lo que muchas veces nos hace sufrir, la distancia entre lo que vivimos y lo que creemos que deberíamos vivir –o nos gustaría vivir– y que no está siendo. Se nos olvida, además, que para llegar a lo ideal debemos atravesar lo real. Para alcanzar nuestros sueños o anhelos deberemos atravesar un sinfín de desventuras reales como la vida misma, y en última instancia será la negación de la realidad lo que nos haga sufrir. Nuestro camino de baldosas amarillas hacia *lo ideal*, hacia *lo anhelado*, será tan interesante como el de Dorothy en busca del Mago de Oz. Nuestra Bruja del Norte podrá ser una psicoterapeuta, o un encuentro fortuito, pero el camino será solo nuestro.

He conocido a muchas personas diagnosticadas de trastornos de ansiedad a las que, a lo largo de su proceso terapéutico, la vida las ha querido –digámoslo así– examinar. A personas que se sentían incapaces de quedarse solas, de volar en avión, de caminar solas por la calle, la vida les ha "traído" un impacto que habría sido inimaginable un tiempo antes, y lo han afrontado con una fuerza y un desembolso de recursos y de opciones que tampoco hubieran imaginado antes, porque la autoimagen de alguien que tiene ansiedad está muy dañada.

Es un hecho, también, la cantidad de personas ansiosas que se consideraban débiles, y que en circunstancias extraordinarias, muchas veces de vida o muerte, han mostrado conductas ejemplares. Esto es así porque…

> **Lo peor que vamos a imaginar nunca va a suceder. En cambio, lo peor que va a pasarnos nunca antes podríamos haberlo imaginado.**

Detente y léelo las veces que haga falta. Lo que quiero recordarte es que la realidad supera y superará siempre la ficción, aunque esa ficción haya nacido de una proyección de tus miedos e inseguridades vitales.

Para mí la ansiedad es un síntoma. Un síntoma muy profundo de habernos salido del camino. Y con el camino me refiero al camino de la vida, aquel que marca nuestro propósito. El síntoma-llave de no estar viviendo la vida que desearíamos.

Como ya he comentado, la incertidumbre es la falta de certidumbre, es decir, la falta de certeza, de evidencia, y, por tanto, de seguridad. Cuando *lo que no es* es la seguridad vital o la certeza, deberemos ser capaces de desenvolvernos en un terreno movedizo que absorberá toda nuestra atención.

EL VERDADERO PODER DE LA ILUSIÓN

En mi consulta veo a muchas personas ilusionadas pero que al mismo tiempo sufren, y ello puede resultar sorprendente. La razón es que se ilusionan por lo ideal y no por lo real. En otras palabras, se ilusionan por lo que les gustaría que fuera más que por lo que realmente es. Entiendo que en este punto alguien me argumente que la ilusión es precisamente eso, esperanzarse o desear algo que no está siendo.

Vamos a ver. Creo fervientemente en lo ideal, en lo anhelado (*anhelo* es una de mis palabras favoritas) o en lo proyectado. Tener ilusión y esperanza es el síntoma de una excelente relación con la vida, y la ilusión es el antídoto de todo.

> **Todo es diferente cuando afrontamos
> la vida desde una mirada ilusionada.**

¿Entonces? Lo que quiero decir es que para llegar a "lo ideal" debemos pasar previamente por "lo real". Que para ilusionarnos con *lo que nos gustaría que fuera* (el pretérito imperfecto de subjuntivo es un tiempo verbal tan complicado como su nombre, porque puede tener sentido de pasado, de presente o de futuro) debemos antes aceptar lo que es, y especialmente lo que no es. O sea, que para ilusionarnos con lo que desearíamos que fuera debemos primero ilusionarnos con cambiar lo que es. Y en un primer momento, aceptarlo.

> **Manejar la incertidumbre del futuro pasa
> por supuesto por aceptar las circunstancias
> del presente, y esto empieza por reconciliarnos
> con el pasado.**

Creo que la mayoría desconocemos el efecto que hemos podido tener en alguien en algún momento de la vida, del mismo modo que otros desconocen lo que significaron para nosotros. Por lo general somos muy ingenuos, e ignoramos el efecto que pudimos tener en aquella compañera de clase de EGB (ahora se llama primaria). Desconocemos el efecto que tuvimos en esa persona con la que coincidimos en aquel viaje en tren, o en avión, hace tantos años, y a la que nunca volvimos a ver. A veces recordamos a quien ya no nos recuerda. O quizás es más duro y recordamos a alguien que nos ignora. Acaso desconocemos que alguien a quien ya no recordamos eligió nuestro nombre para ponérselo a su hijo, a su hija. Quizás no sabemos que aquel mensaje que no contestamos abrió nuestro destino entre la vida que no fue y la que podría haber sido, y cambió no solo nuestro destino, sino también el del destinatario de aquel mensaje. Ignoramos que podemos ser (muy) importantes para alguien, no por lo que hacemos, sino por el (mero) hecho de existir, igual que otros lo fueron para nosotros.

Me he dado cuenta de que en ocasiones nos enteramos de esta influencia por casualidad. Por eso, te invito a que, si un día te cruzas con alguien de otro momento de tu vida que te conmocionó, que te inspiró, que te motivó, que te ayudó (sin ser consciente de que te estaba impresionando/inspirando/motivando/ayudando), se lo digas. Propongo que convirtamos la ignorancia del otro sobre su efecto en nosotros en gratitud, porque puede ser una fiesta contagiosa; un darle sentido a todo y un entender un poco mejor las reglas del juego. Dicen que el pueblo que olvida su historia tiende a repetirla. Creo que a nivel individual nos sucede lo mismo, o quizás peor, porque si olvidamos nuestra historia nos alejamos del camino. Y ya hemos dicho que es así como comienzan a formarse los quistes de ansiedad en nuestra vida.

La incertidumbre tiene mucho que ver con el manejo de la libertad. ¿Te consideras libre? ¿Eres una persona libre a la hora de tomar decisiones, ejecutarlas, ir y venir? ¿Te consideras dependiente? Me refiero a si dependes de la opinión de alguien, del sentir de alguien. Yo me considero libre hasta que conozco a alguien libre de verdad.

La mala noticia es que no somos tan libres como creemos, ni, por supuesto, tanto cómo nos gustaría. Hay ladrones de libertad explícitos y otros implícitos. Los explícitos –los llamo así por su evidencia– pueden ser una hipoteca, una determinada responsabilidad asumida que hay que cumplir o un tiempo concreto que hay que esperar. El cuidado de los hijos, pero también de los padres, o de una mascota, entrarían en este tipo de ladrones de libertad explícitos.

Los implícitos –los llamo así porque no son visibles– son, por ejemplo, unas lealtades familiares adquiridas unilateralmente (nadie te obliga a quedarte en casa, pero en cambio tú sientes que debes quedarte). El miedo, o el vértigo a lo desconocido, también son expertos ladrones.

Lo paradójico es que un ladrón de libertad (por ejemplo, ese trabajo fijo con un sueldo puntual) es para muchas personas un ancla a la seguridad y por ende un reductor de la incertidumbre. Son como la pulsera de los presos, ese grillete electrónico que mantiene al preso "en libertad" pero siempre geolocalizado: marcan límites, pero al mismo tiempo son una estrategia de control.

La cuestión es que, cuando hemos vivido tanto tiempo haciendo lo que se supone que se debía hacer o se esperaba de nosotros, empezar a vivir siendo, o sintiendo, es muy difícil y puede que hasta forzado. No sé si te has detenido a pensar que a menudo la libertad abruma al preso. Hablo literalmente. Si has visto la película *Cadena perpetua*[3], recordarás a Bruce, que al poco tiempo de salir de la cárcel se suicida porque no soporta vivir en libertad. "Estoy harto de estar asustado", escribe en una carta a sus excompañeros de prisión, "y he decidido marcharme". No es exagerado reconocer que algunas personas tienen miedo a vivir libres. Literal y metafóricamente hablando. También muchas personas tienen miedo de vivir solas, porque la soledad no elegida es otro ladrón de libertad. La soledad elegida, en cambio, potencia la libertad.

3 *The Shawshank Redemption*, de 1994, con Morgan Freeman y Tim Robbins.

Voy a contarte algo que no se trata de una ficción y que está sucediendo ahora mismo, hoy. Mientras lees estas líneas, Japón se enfrenta a una oleada de delitos menores cometidos por mayores de 65 años, y la proporción aumenta cada año. ¿La razón? Ir a la cárcel y, de este modo, huir de la incertidumbre de unos años sin dinero, sin recursos, sin medios. Para muchos de estos ancianos la prisión es la seguridad. Para muchas personas, la falta de libertad es la verdadera seguridad.

Debemos revisar también otra de las fuentes de inseguridad más habituales: la incertidumbre de las últimas veces, o, lo que es lo mismo, la certeza de que todo lo que conocemos dejará de ser así un día, de que la realidad de hoy se esfumará efervescentemente. Y lo único cierto, certero –*certidumbre*– aquí es que todo lo que conocemos un día dejará de ser.

Para mí las últimas veces son una epidemia. Están por todas partes. Algunas son explícitas, visibles y notables; es decir, sabes que se trata de una última vez. No obstante, la mayoría son implícitas, sutiles y silenciosas. Solamente tiempo después sabrás que estabas ante una última vez.

Quiero hablar de estas "últimas veces", de esas que te pillan de improviso. De esas cosas que haces con toda la buena intención del mundo y que no imaginas que ya no harás más. Que no serán más. De la última vez que das una clase, sin saberlo, o vas a un determinado lugar, sin saber que nunca volverás, o que si vuelves ya no existirá. Me refiero también a la última vez que ves a alguien. La última vez que hablas con alguien, o que te escribes con alguien. Y no, no me refiero –al menos únicamente– a esas marchas inesperadas, de la gente que queremos cuya luz se apaga para siempre. Evidentemente, éstas son las más dolorosas de todas, y desgraciadamente existen, pero en la mayoría de las ocasiones las vemos venir. Hablo de las últimas veces provocadas por dar las cosas por hecho. Hablo de las últimas veces por dejadez o por falta de atención. Hablo de esas últimas veces donde la corriente de la vida te aleja de lo conocido, incluso de lo que te gustaba, convirtiéndolo en ajeno y lejano.

Conozco muchas parejas que no sabían que aquella era la última vez que hacían el amor. Un día haces el amor con tu pareja y, tiempo después, en silencio, tal y como llega la nieve que todo lo hiela, llega la desconexión, esa que se cuela en tu cotidianidad, cubriendo tu rutina con el manto de la incomunicación. O quién sabe si mañana ese bar al que entras antes de subir a la oficina habrá cerrado, o tu tienda favorita, o tu librería, porque sí, porque las cafeterías, las tiendas y las librerías cierran a veces de la noche a la mañana, sin señales y sin avisar.

Desgraciadamente, pasa también con algunas personas. Un día no te responden un mensaje, y al día siguiente tú no las escribes, y ellas no escriben más y la relación se enfría de una manera que crea puentes de hielo que ya no tienes la necesidad de cruzar. Posiblemente tú también hayas tenido alguna de éstas.

Que nada es para siempre lo sabíamos. Que las cosas pueden cambiar en cualquier momento lo intuíamos. Que cualquier cosa que vivimos puede ser por última vez da vértigo, pero es necesario recordarlo. E irónicamente no estamos vacunados de esta horrible y dolorosa "infección" de las ausencias que llegan en silencio.

Personas que fueron importantes y con las que ya no surge (ni urge) verte. Piénsalo por un momento, pero la verdad es que nunca piensas que un mensaje, una llamada, un comentario, una cena o un fin de semana todos juntos iba a ser una última vez. Que aquel café en La Bendita, que aquella cerveza en La Clandestina, sería la última. Que aquella barbacoa en la terraza de tu amigo era el final de un ciclo. Que aquellas risas serían irrepetibles.

Decía Bertolt Brecht que las crisis se producen cuando lo viejo no acaba de morir y lo nuevo no acaba de nacer. Quizás la consciencia de estas últimas veces libere espacio en el disco duro de nuestra existencia.

> **Una última vez abre un espacio incomparable a lo inesperado. A lo nuevo. Yo lo llamo ilusión.**
>
> **La ilusión de encontrar lo inesperado a la vuelta de la esquina.**

La existencia es muy diferente cuando atravesamos la frontera que separa el miedo que provoca la incertidumbre de la seguridad. Con seguridad, aquí no me refiero a un optimismo desmesurado, ni tampoco a las trampas de la psicología positiva, sino a la seguridad de saber que pase lo que pase poseo herramientas para transitarlo. Una vez entendemos esto, que la verdadera libertad no es hacerlo todo, o hacer "lo que me dé la gana", muchas veces sin tener en cuenta las consecuencias de mis actos. La verdadera libertad es tener la capacidad de elegir, y, por encima de todo, elegir hacer o no hacer algo. Eso es lo que nos dará una seguridad definitiva. Recuerda:

> **No es lo mismo no hacer algo porque no puedo hacerlo que no hacerlo porque, pudiéndolo hacer, prefiero no hacerlo.**

Encuentra la manera de sentirte libre allá donde sea que estés. Y sonríe al hacerlo. "Es que vivir me hace sonreír", escribió Clarice Lispector. A mí también.

CUANDO LO QUE NO ES, ES LA VIDA: LA MUERTE

> *"El miedo no evita la muerte.*
> *El miedo evita la vida".*
>
> NAGUIB MAHFUZ

Una vez comprendida *la certeza de lo incierto*, debemos asomarnos a otra gran certeza, esa que, como al sol, no nos atrevemos a mirar de frente: la inevitabilidad de la muerte.

Cuenta una vieja historia sufí que hace mucho mucho tiempo vivía en Bagdad un rico comerciante llamado Zaguir. Hombre culto y juicioso, tenía un joven sirviente, su hombre de confianza y mano derecha, Ahmed, a quien apreciaba mucho. Un día, mientras Ahmed paseaba por el mercado realizando la compra, se encontró con la Muerte frente a frente, quien le miraba con una mueca extraña, seria, rotunda, amenazante. Asustado, porque entendió perfectamente lo que significaba la mirada fija de la muerte, echó a correr y no se detuvo hasta llegar a casa. Una vez allí le contó a su señor lo ocurrido y le pidió un caballo para escaparse de Bagdag, e intentar llegar a Samarra, donde tenía unos parientes, para esconderse de la amenaza de la muerte. Zaguir, aunque con pena porque era su mano derecha y hombre de confianza, no tuvo inconveniente en prestarle el mejor caballo, el más veloz de su cuadra, para garantizar que Ahmed pudiera ponerse a salvo. Sabía que, si forzaba un poco al caballo, podría llegar a Samarra esa misma noche.

Cuando Ahmed se hubo marchado, Zaguir se dirigió al mercado y al poco rato encontró a la Muerte paseando por los bazares.

—Pero ¿por qué has asustado a mi sirviente? —le preguntó—. Tarde o temprano te lo vas a llevar, déjalo tranquilo mientras tanto.

—No era mi intención asustarlo —respondió la Muerte—. De hecho, mi cara no era una amenaza, era de sorpresa. Me sorprendió mucho verlo aquí, en el mercado de Bagdag, porque esta noche tengo una cita con él en Samarra.[4]

Esta historia refleja como ninguna dos certezas que tendemos a ignorar: la de que todos vamos a morir en algún momento —y *todos* es *todos*—, y la certeza de que ese encuentro parece escrito. Quizás esto último no sea una certeza, puesto que pertenece al mundo de las creencias, pero en muchas culturas se considera que el día de nuestra muerte ya está escrito. Esta imagen me reconforta, y me hace pensar en *Big Fish*, la maravillosa película de Tim Burton. En ella, un jovencísimo Edward Bloom y sus amigos conocen a una vieja bruja que tiene un ojo de cristal que esconde debajo de un parche. Dice la leyenda que, si consigues asomarte a ese ojo, verás tu propia muerte. Cuando Bloom ve la suya, sonríe y dice "así imaginé que sería". Pero no es esto lo interesante. Lo interesante es que muchos años después, cuando le preguntan sobre si en todas las increíbles aventuras que vivió nunca

---

4 *La Muerte en Damasco*, cuento tradicional sufí.

tuvo miedo, él, otra vez sonriendo, dice, "no, porque sabía que no iba a morir así". Vuelve a releer esta última frase. La frase no es "sabía que no iba a morir"; la frase es "sabía que no iba a morir *así*". Es un simple adverbio el que marca toda la diferencia, porque quizás lo que nos da miedo no es la muerte, sino desconocer la forma, el modo, el momento. Me pregunto muchas veces cómo sería nuestra relación con la muerte, y por ende con la vida, si todos pudiéramos acceder a esa información, y supiéramos cómo y cuándo vamos a morir.

¿Y tú, piensas en tu propia muerte? ¿Piensas en tu vida sin ti? ¿En el legado que quieres dejar, en cómo quieres ser recordado, o recordada? ¿Has pensado alguna vez que llegará un día en el que nadie te recuerde? Esto es difícil de escribir, créeme, pero honestamente creo que es importante hacerle un poco de espacio en nuestro presente para valorarnos desde otro lugar, con más humildad. Tanto tú como yo hemos tenido antepasados que lograron cosas increíbles; para empezar, sobrevivieron. Sobrevivieron a una guerra, pero también –y antes– a ciertas condiciones desfavorables que hemos aprendido por los libros de historia, porque ni tú ni yo recordamos a esos antepasados.

Para que tú y yo estemos aquí ahora hacen falta dos padres por cabeza. Pero la secuencia se complica si vamos subiendo en el árbol genealógico, porque por cabeza son necesarios cuatro abuelos. Y ocho bisabuelos, dieciséis tatarabuelos y treinta y dos trastarabuelos. Se calcula que, si echamos atrás once generaciones, son necesarias –para que hoy estés aquí– unas cuatro mil personas. A mí esto me explota la cabeza, y me conecta con que, aunque hoy me sienta única y especial para un pequeño puñado de personas que sé que me quieren mucho, en realidad soy una pieza minúscula en un entramado infinito. La cuestión, sin ir ni diez ni cinco generaciones atrás, es que posiblemente no recuerdes a tus bisabuelos. Ojalá puedas recordar a tus abuelos, pero hay mucha gente que no lo hace, porque, del mismo modo que no se pueden recordar los lugares en los que no se ha estado, no se puede recordar a quien no se ha conocido.

Tú, yo, nuestros seres queridos, las personas que nos caen mal, las personas que te cruzas diariamente en tu camino al trabajo, dejaremos un día de existir. Todos. Todas las personas que ahora somos, seremos sustituidas por otras existencias, por otras vidas. Otros, que posiblemente no han nacido todavía, ocuparán nuestras casas. Quizás les lleguen nuestros libros en librerías de segunda mano –si es que siguen existiendo– o compren nuestros muebles usados en algún almacén que vacía pisos y enseres. Si paseas en alguna ocasión por un cementerio podrás entenderlo mejor. Todas esas personas que "no ves", y de las que ves sus lápidas y viejas flores de tela, un día fueron y tuvieron los mismos sueños, anhelos, ilusiones, miedos y dudas que tenemos tú y yo en estos momentos.

> **Somos únicos, pero a la vez somos efímeros,**
> **y ahí radican nuestro encanto y nuestra humanidad,**
> **que rima con humildad.**

Siento ser yo la que venga a recordártelo así, sin anestesia, en este instante en el que estás relajado o relajada leyendo esto, pero realmente pienso que vivir siendo conscientes de lo inevitable nos permite valorar la vida desde otro ángulo. Pienso, también, que asumir la propia muerte nos permite poner en otro lugar las muertes ajenas.

En el *Mahābhārata*, la gran epopeya india, un personaje pregunta: "¿Qué es lo más asombroso de este mundo, Yudhisthira?". A lo que Yudhisthira responde: "Lo más asombroso de este mundo es que a nuestro alrededor la gente muere cada día y no nos damos cuenta de que también nos puede suceder a nosotros".

Estamos frente a la certeza inevitable, ante nuestro *lo que no es* más cierto. Nuestra vida parece entonces sucederse sobre un territorio inestable. Son las arenas movedizas de nuestra existencia, y tenemos que aprender a transitarlas. Pero ¿cómo se sale de las arenas movedizas? Soy de la generación que disfrutó en el cine de la maravillosa película *La princesa prometida*. Además de Iñigo de Montoya ("… tú mataste a mi padre, prepárate a morir"), del *inconcebible* de Vizzini, del "como desees" de Westley, de la dulzura de Buttercap o de la bondad de André el Gigante, la escena de las arenas movedizas me tenía absolutamente hipnotizada. Era una niña a la que la idea de pisar un suelo que pudiera "tragarme" me llegó a obsesionar. Hubo una época en la que las arenas movedizas eran un recurso dramático –muy dramático– y muy común en el cine, y seguro que somos varias generaciones las que recordamos estos momentos de agonía, indefensión e impotencia. No obstante, conforme fui creciendo, fui entendiendo que las arenas movedizas no iban a ser el principal peligro al que iba a enfrentarme en esta vida, y que hay amistades, momentos, personas, pero también trabajos y responsabilidades, tan absorbentes como esas arenas, y que del mismo modo que con una técnica refinada –calma, cuerpo atrás y mover la pierna para licuar la arena (lo he buscado en Google)– puedes salir de las arenas movedizas reales. Con una técnica trabajada y algo de experiencia vital podremos afrontar las arenas movedizas de la existencia, incluyendo la certeza del final absoluto, del dormir eterno.

MIRAR A LA MUERTE PARA COMPRENDER LA VIDA

El principal problema de la muerte es que la confrontamos con la vida, cuando en realidad es la vida misma. Como vivimos, morimos. Como morimos, hemos vivido. Con consciencia o sin ella. Con miedo, o con serenidad. La preparación a la muerte se realiza durante la vida, precisamente cuando la muerte no nos acecha (al menos no directamente).

Existe un ejercicio muy difícil a priori –aunque muy fácil de formular–, que es escribir nuestro propio epitafio en vida. Piénsalo por un momento: ¿qué te gustaría que pusiera en tu esquela, en tu lápida? Si al leer esta pregunta sientes que esto es algo macabro, creo que necesitas leer este capítulo para comprender los siguientes párrafos. Si, en cambio, has sentido un suspiro interior porque es algo en lo que ya habías pensado, creo que estas palabras van a resultarte cómodas de recorrer. Volvamos a la pregunta.

¿Qué te gustaría que pusiera en tu epitafio?

Frank Sinatra dejó escrito que quería que en su epitafio pusiera: "Lo mejor está por llegar". Personalmente, me gusta más el de Vicente Huidobro: "Abrid la tumba. Al fondo de esta tumba, se ve el mar". O la sencillez del de Emily Dickinson: "Me llaman". Pero sin duda los más emocionantes son y serán siempre los de las personas anónimas que intentaron, por última vez, concretar su existencia en pocas palabras. Yo todavía no he elegido mi epitafio final, porque tengo varias versiones en mente, aunque sí que tengo elegida la principal canción que quiero que suene en mi funeral. Supongo que a lo que aspiro, más que a una frase grabada en una piedra, es a una emoción de orgullo y satisfacción grabada en el corazón de quienes me conocieron bien, y especialmente en el corazón de aquellos que me han amado de verdad.

Definitivamente hay que pensar más en la muerte para comprender mejor la vida. Es curioso que, en las cartas del tarot, la de la muerte es la única carta de los arcanos mayores (las 22 cartas principales del tarot) que no tiene nombre, como si con el número –es el número 13, posiblemente de ahí venga tanta superstición con ese número– ya fuera suficiente. Lo interesante de esta carta es que no representa nunca la muerte (el tarot ni es un juego ni es adivinación) y en cambio simboliza el cambio, la evolución, la transformación, y el inevitable cambio del que hablábamos anteriormente. La muerte simboliza así mismo una liberación. El problema es que los seres humanos tenemos tanta necesidad del cambio como resistencia al mismo.

Venimos de un capítulo entero –creo que el más denso; siento que haya sido el primero– en el que hemos comentado y defendido la certeza de que todo cambia. Tendremos que volver a esto en el capítulo siguiente, al hablar de la enfermedad, ya que es otro de los cambios de nuestro cuerpo, nuestra propia *obsolescencia programada*. Pero ahora debemos comprender cuánto hay de resistencia al cambio cuando hablamos del miedo a la muerte.

Es interesante resaltar que, aunque este capítulo, *Cuando lo que no es es la vida: la muerte*, las vincula a ambas como pareja de baile, en realidad, si nos ponemos muy físicos, lo contrario de morir no es vivir, sino nacer, y entre ese alfa y ese omega que son nacer y morir se sucede la vida misma.

Yo quiero hablar de la vida y la muerte porque, como psicoterapeuta, son los dos polos más trascendentes que contienen todo lo que los psicólogos vemos en consulta.

Me llama mucho la atención la cantidad de gente que se pregunta si hay vida después de la muerte, y la poca gente que se pregunta si hay vida antes de la vida. Otras personas, en cambio, parecen ignorar que…

> **La única certeza es que hay vida
> antes de la muerte.**

Nos preocupamos soberanamente por ese "¿y a dónde vamos?". Y en cambio nos despreocupamos –soberanamente también– del "¿y de dónde venimos?". Y esto sirve para lo literal, pero también para lo simbólico.

Definitivamente, hay vida antes de la muerte, y es esa la vida que realmente debemos cuidar y proteger, valorar y respetar y, por encima de todas las cosas, honrar. Pero ¿y si hay vida antes de la vida, antes de *esta* vida? Budistas, hinduistas, hablan de la reencarnación.

Personalmente, no tengo evidencias de que haya vida antes de la vida –aunque sí alguna sospecha y varias intuiciones, pues es indiscutible que hay personas y lugares que cuando llegan a nuestra vida nos suenan y resuenan. Si son personas, sentimos conocerlas, sentimos una familiaridad en sus brazos, en sus cuerpos; cuando son lugares, entre sus paredes, en sus plazas, sentimos algo que es absolutamente inexplicable desde lo racional y al mismo tiempo indiscutiblemente reconocible desde lo emocional.

Hay "sospechas" de que al nacer olvidamos todo lo anterior para mantener intacta nuestra capacidad de sorpresa y de aprendizaje. En la antigua Grecia, para destruir el recuerdo de vidas pasadas, antes de reencarnar, las almas bebían de las aguas del río Leteo, porque provocaban el olvido. Los judíos tienen también una preciosa leyenda que explica el olvido de todo lo aprendido en existencias anteriores –y explica también el origen del surco nasolabial–. Dice que, justo antes de que el bebé nazca, un ángel coloca un dedo sobre sus labios, sellándole con ese gesto en la boca lo aprendido en vidas anteriores. Nuestro surco nasolabial es, entonces, la huella del dedo del ángel. A partir de hoy, cada vez que acaricies los labios de tu bebé, o los tuyos mismos, o los de la persona que amas, recuerda que bajo ese pliegue están todos tus recuerdos, y que quizás por eso tantas veces sientes que recuerdas y no que aprendes.

Es muy importante que, al menos de vez en cuando, pensemos en nuestra propia muerte, o que incluso meditemos sobre ella. Escuché decir a un reconocido maestro budista que era necesario que meditáramos sobre la muerte, sobre la propia muerte, ya que al hacerlo moldeamos nuestro cerebro en la idea de que vamos a morir, y que esa certeza hace que aprovechemos más la vida. No se trata de vivir como si no hubiera un mañana, ni mucho menos, pero sí de vivir asumiendo nuestra finitud y la de nuestros seres queridos. Se trata de convertir el tristemente resignado "nada es para siempre" en un "lo importante está pasando ahora".

Recuerda: lo normal, y lo lógico, y lo natural, es tenerle miedo a la muerte, temer ese lugar inexplorado del que no tenemos ninguna información –aunque sí indicios, con toda la investigación actual sobre las ECM– y del que nadie ha vuelto jamás.

La muerte tiene una gran peculiaridad,
y es que, aunque se trata de lo único común
que tenemos todos los mortales, su tránsito
es absolutamente personal.

Alguien podrá morir a la vez que tú, pero nadie
podrá morir por ti. Ni contigo.

Aun en los casos en que sabemos que la muerte es la mejor opción (pienso en enfermos terminales que están sufriendo mucho, en pacientes con mucho dolor), lo normal es temerla, y, si somos nosotros los que nos quedamos, vivir un sufrimiento abisal e insondable, porque el dolor de ciertas ausencias, especialmente al principio del luto, es inevitable.

Es lógico que nos preguntemos qué belleza puede haber en la pérdida, en un echar de menos eterno. Qué belleza puede haber en la ausencia de una vida que nos dejó antes de tiempo, antes de hora, que nos dejó huérfanos y perdidos. Hablamos de la ausencia más tangible. De la falta que se toca, de lo que es más absoluto y rotundo. Qué belleza puede haber en la pérdida de un hijo, de una hija, de una hermana o un hermano, de un padre o de tu madre en el momento más vulnerable de tu existencia. Ciertamente, no vamos a encontrar belleza en los primeros meses, o incluso años, de la pérdida. La cicatriz –otro tipo de ausencia– nunca va a abandonarnos. La única belleza que sigue a una pérdida absoluta es el recuerdo y la honra a todo lo compartido.

Hay muchos pueblos que festejan el día de la muerte de la persona con la consciencia de que ésta ya ha cumplido una cierta misión. Tenemos que ser capaces de vivir los Días de la Remembranza con alegría, celebrando la vida de quien se fue, y valorar todo lo que queda de esa persona en el halo de su ausencia.

En el aniversario de mis pérdidas importantes, intento siempre darme un tiempo que me permita ritualizar. Ese día, si es entre semana y tengo que trabajar, cito a muy pocos pacientes, e incluso me permito elegir a qué pacientes veo. Me doy tiempo para mí para poder vivir más lentamente y así poder poner más consciencia en todo lo que hago. Intento salirme del tiempo, de la rutina, de las obligaciones cotidianas. Compro siempre un ramo de flores, sencillo, bellísimo, y colorido. Lo coloco al lado de una fotografía de la persona que duelo, y enciendo una vela. Es un día sencillo y a la vez un día que me saca del tiempo y del espacio. Al fin y al cabo, eso es lo que hacen los ritos.

Sin ser quizás muy conscientes de todo esto, cuando nos enamoramos tenemos una cierta tendencia a presentarles a nuestras parejas todas nuestras ausencias. No, corrijo. Todas nuestras ausencias no, pero sí las más importantes.

Uno de los primeros lugares a los que me llevó mi pareja cuando nos conocimos fue donde están las cenizas de su padre, tan querido y tan añorado. Recuerdo ese momento con una solemnidad, y al mismo tiempo una complicidad, absoluta. Es uno de esos momentos que no olvidaré jamás. Y es verdad que yo nunca tendré recuerdos con él, y aunque no haya escuchado nunca su voz o sentido su olor, o no haya podido darle un abrazo, ese momento de una mañana de sábado de un otoño mediterráneo me vinculó a él (Él) de un modo más especial del que me he vinculado en ocasiones con personas que todavía viven. Porque ese encuentro fue, de nuevo, un ritual.

Cuando alguien comienza a ser importante en nuestras vidas, también se hace importante hablarle de los que se fueron, creando así un tipo de nostalgia muy difícil de aceptar, que es la de no haber podido conocer los eslabones más significativos y trascendentes de las personas a las que amamos.

Recuerdo hace muchos años el debut musical de una voz de otro planeta. Entonces se llamaba Antony; ahora se llama Anohni. Y recuerdo aquel disco de Antony and the Johnsons con aquella canción de otro mundo *I Fell in love with a dead boy*[5]. En algunos de sus versos decía:

Now I'll tell all my friends, I fell in love with a dead boy[6]
Now I'll tell my family, I wish you could have met him

Esta canción, que me emociona como pocas, creo que lo aglutina todo, o al menos todo de lo que pretendo hablar en este libro. Sobre lo que no fue, no es, podría haber sido y ya no será. Y todo esto, que puede sonar de una profundidad abisal, no deja de ser, en el fondo, una celebración de lo que sí es.

Porque para mí, tanto en la vida como en la canción, ese "ojalá lo hubieras conocido" es una declaración absoluta de AMOR, en mayúsculas. En ese "ojalá lo hubieras conocido" estamos diciendo "ojalá me hubieras visto reír con ella como solo he reído con ella en mi vida"; decimos también "ojalá (él/ella) se hubiera podido ir tranquilo sabiendo que me quedaba en la vida de tu mano, que ya nunca más volvería a estar solo/a". Decimos un "qué bien nos lo habríamos pasado" y, sobre todo, "ojalá dos de las personas que más amo se hubieran podido mirar a los ojos".

5 Me enamoré de un chico muerto.

6 *Ahora se lo diré a todos mis amigos, me enamoré de un chico muerto Ahora se lo diré a mi familia, ojalá lo hubieras conocido.*

Porque, cuando nos enamoramos, las ausencias muestran su verdadera presencia en el tamaño de la nostalgia.

Y esto es bonito. Y esto es la vida.

LA PRESENCIA DE LA AUSENCIA

Siempre he dicho que me fío más de aquello que echo de menos en mis mejores momentos que de lo que echo de menos cuando las cosas no me van demasiado bien. Echar de menos desde el amor es la principal medida de la ausencia. Echar de menos a quien se ha ido es el equivalente a una cicatriz, pero que, en lugar de lacerar la piel, lacera el alma.

> **Del mismo modo que una cicatriz
> es la huella de la herida, echar de menos
> es la huella de la ausencia.**

El gran reto de nuestra vida, nuestras arenas movedizas personales, será entonces aprender a vivir con las ausencias, aprender a vivir desde el lugar que ocupan los que se fueron. Posiblemente sea una de las tareas más difíciles a las que nos enfrentaremos, no una, sino varias veces, a lo largo de nuestra existencia. Integrar la muerte nos ayudará a vivir con las ausencias.

> **Todos aquellos que se han ido
> son en algún lugar, y su ausencia ocupa
> un espacio notable en nuestra vida,
> con el que tenemos que aprender a vivir.**

Me pregunto a menudo qué es lo que nos dejan los que se van. Pero también me pregunto qué es eso de irse y qué significa exactamente, porque mientras alguien nos recuerde o retome aquello que dejamos por hacer, o lo que nos gustaba hacer, seguiremos existiendo, de otra forma, pero seguiremos, del mismo modo que las huellas en la nieve confirman que alguien ha caminado por ahí. Una huella es siempre la resonancia de la presencia.

Retomar "las últimas cosas", los asuntos pendientes que dejaron quienes amamos cuando se fueron, es otro claro ejemplo de cómo lo cotidiano puede ser trascendente. Con las últimas cosas me refiero a retomar lo último que estaba haciendo la persona que ha marchado. Leer el libro que estaba leyendo. Recoger la cocina tal y como la dejó. Revisar los alimentos que dejó en la nevera, aquello que esperaba comer, sin imaginar que su fecha de caducidad sería anterior. Guardar la ropa. Tirar la basura que dejó. Son las tareas cotidianas que se vuelven trascendentes, que nos recuerdan que la vida debería ser vivida con otra humildad.

¿Que qué nos enseñan las pérdidas? Algo muy doloroso y difícil de asumir: que la vida sigue. Que, aunque nos cueste creerlo, un día volveremos a sonreír, y no precisamente porque hayamos olvidado, sino porque por fin nos atrevemos recordar lo que vivimos.

PÁNICO A LA PUERTA QUE SE CIERRA

Hace un tiempo hice una pregunta a mis seguidores en Instagram, que, aunque no son muchos, son muy atentos y tremendamente cariñosos conmigo. La pregunta era algo así como "¿qué sientes que falta en tu vida?". Y las respuestas fueron de todo tipo: "Me faltan espacios de seguridad", "falta compañía incondicional", "falta amor intenso".

"Compartir mi vida" se repitió muchas veces. Hubo quien me sorprendió diciendo que le faltaba *asombro y novedad* (ya hemos hablado en el primer capítulo de los riesgos de vivir en un mundo con todo controlado e inmune a la sorpresa). Varias personas –hombres y mujeres– dijeron que les faltaba *un hijo* o *una familia*. A otras le faltaba *confianza, fuerza y valentía*. A otras, *una madre en quien poder confiar*, o *una madre que se alegrara por sus pequeños éxitos*. Y, una vez más, alguien habló de que le faltaba compartir. Varias personas dijeron de una manera muy rotunda una de las faltas más extremas, al menos para mí: salud. Un "me falta salud" contiene en su interior todos *lo que no es* más rotundos, ya que es uno de los pocos *lo que no es* que pueden llegar a ser irreversibles. Si lo piensas bien, la mayor parte de *lo que no es* son situaciones circunstanciales y, por tanto, susceptibles de cambiar. Los problemas de salud por supuesto que pueden ser circunstanciales, pero, desgraciadamente, no siempre. Aunque de eso hablaremos en el siguiente capítulo.

Me parece importante resaltar que, cuando planteé esta pregunta, el índice del libro estaba ya absolutamente definido y la mayor parte estaba escrito, por lo que me resultó muy emocionante, a la vez que algo impactante, que todo apareciera ya reflejado desde el principio. Si bien al mismo tiempo es lógico. Escucho cada semana a varias decenas de pacientes hablando incesantemente de lo que les falta (mucho más de lo que les sobra), y, en lo esencial, los seres humanos nos parecemos mucho más de lo que a veces nos gustaría reconocer. Pero, aunque todo fue absolutamente familiar y lógico, hubo una respuesta que me sorprendió, ya que es la que más se repitió: tiempo. "Me falta tiempo". "¡¡¡¡Tiempo!!!!". Escrito así, con un montón de exclamaciones. "Necesito tiempo, que no tengo». "Más tiempo". A cada persona que me respondió esto traté de escribirle y preguntarle: "¿Tiempo? ¿Pero qué tipo de tiempo?". Porque existe el tiempo cotidiano y existe el tiempo de vida, y, cuando te das cuenta de que el importante es ese último, las prioridades cambian. En definitiva, el tiempo cotidiano lo único que nos demanda es una buena gestión, ser capaces de establecer prioridades, de poner límites y decir que no alguna vez. Las demás "faltas de tiempo" se gestionan a sí mismas. Porque ese es el único importante, el tiempo de vida.

La falta de tiempo nos amenaza a todos. Pero no tiempo de horas al día, sino tiempo de vida. Y no me refiero a personas con un diagnóstico terminal. Nos afecta a todos, a personas como tú y como yo. Personas a las que no les (nos) da la vida para leer todo lo quisieran leer, o hacer todas las cosas que quieren y desean. A las que no nos llega el tiempo para cumplir nuestros anhelos, nuestros sueños. A las que las ganas infinitas de vivir y de ser se quedan pequeñas en una existencia de tiempo finito. Personas a las que la curiosidad no llega a rastrear todos los recovecos de una vida.

Existe una palabra alemana, *Torschlusspanik*, que viene a traducirse como "pánico a la puerta que se cierra", y alude a esa sensación de inquietud que padecemos cuando sentimos que el tiempo se nos acaba. Si alguna vez has entregado un trabajo, una tesis, un informe o un libro *in extremis*, en la fecha final del plazo de entrega, creo que sabrás reconocer bien esa inquietud. Imagina ahora que esa *"fecha límite"* no es la de un trabajo, una tesis, un informe o un libro, y que es la de la vida misma. *Deadline* –línea de la muerte– se llama en inglés al plazo de entrega. Imagina que lo que se termina es la vida y todo lo que cabe en ella. La inquietud se convierte en otra cosa. La luz parece desvanecerse, y cuando asumimos que no nos queda demasiado tiempo tendemos a revisar si supimos aprovechar el que tuvimos, el tiempo que vivimos. En este repaso, en esta reválida existencial, podemos llegar a conclusiones muy dolorosas. También podemos llegar a ese anhelado estado de ataraxia, una calma imperturbable y serena. Que así sea; está en nuestra mano más de lo que pensamos.

Ese "pánico a la puerta que se cierra" parece que es un término acuñado en la Edad Media, aludiendo al instante en el que se cerraban las puertas levadizas del castillo, y quedarse dentro o fuera marcaba la diferencia entre salvarse o perderse inevitablemente. Pienso que, aunque quizás nos provoque cierta ansiedad la idea de que la muerte es una puerta que se cierra, es honesto reconocer que se trata de un umbral. Los umbrales son, desde una mirada simbólica, el lugar de paso entre lo "de fuera" y lo "de dentro", lo profano y lo sagrado. Es la transición entre lo que acaba y lo que empieza, y posiblemente en este orden. *Mors janua vitae*, dice un adagio latino: la muerte puerta de la vida. La muerte como reinicio. Cambio y liberación.

Todos los ritos de iniciación buscan la manera de representar una muerte simbólica, es decir, una transformación que es a la vez un tipo de renacimiento. Soy muy consciente de que cuando se transita el duelo por una muerte real (y no el reto de una muerte simbólica) no hay consuelo posible y puede que lo único que nos ayude sea forzar en ocasiones una anestesia de los pensamientos, desde la que ganar aquello que precisamente no tenemos: tiempo. Pero ésta es precisamente la razón por la que escribo, para establecer puentes invisibles entre *lo que es* y *lo que no es*, entre lo que está siendo en lo que no es y lo que no es en *lo que es*. Porque todo convive, y porque *"cómo es afuera, es adentro, como es arriba, es abajo"*.

Por eso, a la pregunta "¿piensas en tu propia muerte?" añádele "¿qué cosas de tu vida deben morir?". ¿Debe morir tu relación? ¿Debe morir tu relación contigo misma, o tal y como la tienes planteada en estos momentos? ¿Debe morir tu relación con el trabajo? Supongo que te habrás dado cuenta de que estas preguntas son el sinónimo de "¿qué debe cambiar en tu vida en estos momentos?". Eso es morir: es cambiar.

La vida y la muerte no son sólo dos realidades externas a ti; de algún modo las dos conviven dentro de cada uno. Ambas son más complementarias que opuestas. La vida y la muerte también conviven en tu interior en forma de instintos –Eros y Thanatos, los llamó Freud–, y es precisamente la tensión entre ambos lo que te mantiene con la energía justa y necesaria para que sigas aquí, para que leas este libro con algo de curiosidad, quién sabe si quizás hasta con algo de sorpresa; pero también para que juegues con tus hijos, hagas el amor con tu pareja o necesites estar sola, o solo, una tarde entre semana en tu casa. Es la tensión entre las ganas de vivir y no desear morir la que te mantiene aquí.

Lo único absoluto es la certeza de la muerte. Será la muerte quien nos traiga las ausencias absolutas, las más duras de asumir por su irreversibilidad, y a la vez las innegociables; pero al mismo tiempo nos traerá la certeza más inevitable de todas: la de la propia vida.

Vive, porque tú puedes. Vive por los que no pueden, incluso por los que no saben. Vive por los que se fueron antes de tiempo. Vive porque estar aquí es una maravillosa improbabilidad. Vive por los que te aman. Vive por ti, porque tú también te amas. Vive para cuando no vivas. Vivir es un imperativo. Vivid.

CUANDO LO QUE NO ES, ES LA SALUD: LA ENFERMEDAD

Algo que estábamos reteniendo nos hizo débiles hasta que descubrimos que ese algo éramos nosotros mismos.

ROBERT FROST.

Cuenta una antigua leyenda japonesa que una madre, con su hijo muy enfermo, fue a buscar a un viejo sabio que, según las habladurías del pueblo, podía curar cualquier enfermedad. Su hijo llevaba varios días ardiendo en fiebres y delirios, y nada le podía calmar los síntomas. Con toda la determinación que a veces sólo una madre puede tener, viajó hasta la casa del curandero para pedirle el gran favor. Ella estaba dispuesta a pagar lo que hiciera falta por recuperar la salud de su hijo. Al encontrarse con el anciano, le rogó que salvara la vida al niño. El viejo curandero le respondió que, en realidad, él no tenía el don de curarlo, que lo único que podría decirle era cuántos días viviría el pequeño. Para saberlo, la madre tendría que adentrarse en el bosque y traerle una flor amarilla. El número de pétalos de la flor serían los días que viviría su hijo.

La mujer se dirigió hacia el bosque y allí encontró un arbusto lleno de flores amarillas. Cuando fue a cortar una, descubrió que solo tenía cuatro pétalos. Consternada por el dolor de lo que eso significaba, comenzó a rasgar, con una delicadeza absoluta, cada pétalo en finísimas tiras, quedando divididos los cuatro pétalos iniciales en miles de pedazos. Al regresar y entregar aquella flor al anciano, el hombre suspiró y, con una sonrisa, dijo: "Solo una madre es capaz de realizar un milagro como este. Devuelve la flor al bosque y regresa a casa. Tu hijo vivirá tantos días como pétalos tiene esta flor".

El niño creció y se convirtió en un hombre sano y fuerte, libre de toda huella de enfermedad. En agradecimiento, la mujer regresó a visitar a aquel viejo sabio. Al llegar a su hogar, descubrió un hermoso prado rebosante de flores amarillas con miles y miles de pequeños pétalos, iguales a la flor que trajo del bosque cuando su hijo era pequeño. Así nacieron los crisantemos.[7]

Es interesante el simbolismo de esta flor. En oriente, de donde procede este precioso y esperanzador cuento, simboliza la salud y una larga vida. En occidente, son las flores "de los muertos", que encontramos en funerales y en los cementerios, especialmente el Día de Todos los Santos.

De nuevo, dos puntos de un continuo en el que ubicarnos. Me gusta recordar que la muerte no necesariamente tiene que ver con la enfermedad, porque en realidad, y como ya hemos visto, tiene que ver con estar vivos. La enfermedad tiene que ver con la salud, deslizándose por un continuo que tiene variadas gamas de colores. No se trata de tener o no tener salud, categóricamente, sino de aceptar que se puede tener más o menos salud. Síntomas silentes como

---

7   La leyenda del Crisantemo. Cuentos Tradicionales de Japón:
Otogi-Zoshi. Quaterni Ilustrados.

una inflamación de bajo grado va a ir robándote la salud y la energía sin darte cuenta. Si lo piensas, hay enfermedades ruidosas y enfermedades silenciosas; unas son rápidas, otras fugaces, y otras son lentísimas. Y, en ocasiones, no hay una enfermedad propiamente dicha y el cuerpo se va apagando, lentamente, arrugándose poquito a poquito, menguando, como sucede en los pasos finales de una larga vida que culmina en la vejez.

SOMOS SERES OBSOLESCENTES

Vamos directos a la obsolescencia, es decir, nuestro cuerpo finito nos lleva hacia un lugar donde iremos perdiendo funciones, capacidades, y ese día sólo importará lo que hicimos antes con él. Cómo lo cuidamos. Y especialmente cómo lo respetamos. Esa obsolescencia es inevitable, y no habrá elixires ni crisantemos que prolonguen nuestra vida física. Lo siento.

Debía de tener unos diez años cuando escuchando una conversación entre adultos oí algo como "el coche tiene ya cien mil quilómetros, hay que darle la vuelta al motor". Como no era algo que me interesara demasiado, supongo que volví a mis cosas, aunque la idea se quedó grabada a fuego. Así que, de vez en cuando, me imaginaba dos hombretones sacando un motor de un coche para darle la vuelta y dejarlo en el mismo sitio, del mismo modo que cada tanta noche le damos la vuelta al colchón.

La verdad es que no sé hasta qué punto esto es así. Ahora que soy adulta, y con un coche que tiene bastante más de cien mil kilómetros, que yo sepa nadie le ha dado la vuelta al motor. De mecánica solo me interesa la humana (no la del automóvil) pero sí que me descubro, de vez en cuando, fantaseando con darle la vuelta al corazón de algún paciente para que reaprenda a amar en limpio; varias veces le habría dado la vuelta a mi cerebro para seguir aprendiendo en una superficie virgen o me habría dado la vuelta a los ojos para ver algo fantástico por primera vez.

Y es que, aunque tengo muy claro que somos seres obsolescentes, sigo sin saber cuál es el motor del ser humano. ¿Es el corazón? Podría serlo, porque tenemos dos. Ese que bombea la vida una y otra vez –el anatómico– y ese que nos enamora y nos acerca al otro –el romántico–. ¿O el motor de nuestro cuerpo es el cerebro? Todos sabemos lo que significa *muerte cerebral* y sabemos que dejamos de ser nosotros si una lesión afecta a nuestro cerebro. Son muy interesantes las conversaciones entre los amigos de Dorothy, el espantapájaros y el hombre de hojalata. El espantapájaros quiere pedirle un cerebro al Mago de Oz, porque el que tiene está lleno de paja. El hombre de hojalata quiere pedir un corazón, para volver a sentir. Es interesante porque el hombre de hojalata tampoco tiene cerebro, y, puestos a pedirle algo al todo poderoso Mago de Oz, prefiere pedirle un corazón.

Pero ¿y si son los ojos? Sé que hay personas invidentes que bien ven con las manos y entre las sombras, y personas con cero dioptrías que no ven al que tienen enfrente. Hay más opciones, porque hasta tenemos un hueso que se llama sacro (sagrado) y una lesión que se llama sacralización (poética lo es un rato…). Todo esto me resulta fascinante. Y no dudo de que cada uno de nosotros tenemos un motor, e, igual que hay motores de gasolina, diésel o eléctricos, el nuestro puede ser el corazón, el cerebro o el estómago. Yo creo que soy híbrida, con una cierta potencia, y que puedo pasar de cero a cien en segundos. Disfruto conduciendo, y si es con buena música mejor. Me encanta conducir por esas carreteras secundarias que son las personas interesantes que van surgiendo por nuestro camino. Corazón. Cerebro. Ojos. Quizás piel, o pulmones. Lo más probable es que cada uno tengamos un motor distinto, igual que a cada uno nos emocionan cosas distintas. Sea cual sea tu motor, cuídalo. Llegarás más lejos y disfrutarás más del camino. Literal y metafóricamente hablando.

> **La obsolescencia es inevitable, pero la calidad de la vida que tengamos está –en parte– en nuestras manos.**

El vehículo entre ambas es la longevidad. Aspiramos a ser una sociedad longeva, aunque para lograrlo deberíamos trascender muchos de los prejuicios que tenemos hacia la vejez. Queremos ser ciudadanos que cada vez vivan más años, pero no tengo muy claro que sepamos convivir con las personas mayores. Queremos ser ciudadanos que cada vez vivan más años, pero con años llenos de vida y de calidad de vida. Queremos ser ciudadanos que cada vez vivan más años, pero eso no puede implicar el abuso de sustancias, ni el abuso de la desconexión con el otro, pero de eso hablaremos más adelante.

PON TU VIDA EN TUS MANOS

Aunque las leyendas hablen de que Matusalén murió a los novecientos sesenta y nueve años, Adán a los novecientos treinta y Noé a los novecientos cincuenta, la realidad es que la caducidad de nuestro cuerpo parece llegar hasta los cien años (siendo optimista y en homenaje a mi abuela paterna, que murió a los ciento uno… y medio). Más allá de las historias bíblicas, tenemos casos documentados de vidas –con calidad– hasta los ciento veintidós años.

Los habitantes de Okinawa, en Japón, merecen nuestra atención. Si bien hay ciudadanos muy longevos a lo largo y ancho del planeta, son los japoneses los que han llamado la atención de científicos y antropólogos, ya que la idiosincrasia de una isla y la distancia del resto de sociedades facilita el estudio y el control de las variables que puedan estar interviniendo. Pero, ojo, porque otro de los países más longevos del mundo es el mismo desde el cual yo estoy escribiendo este libro: España.

Me centro en el caso de Okinawa no por su exotismo, sino porque en la isla se concentra un gran número de personas de más de cien años con mayor calidad de vida, y, como veníamos hablando de obsolescencia, es lo que nos interesa. La estadística dice que, por cada cien mil habitantes, casi setenta son mayores de cien años. Esta ratio no aparece en ningún otro lugar, ni siquiera en el resto de Japón.

Se han analizado aspectos como la dieta (lo que se come y cómo se come), las horas de actividad física, la calidad de los vínculos y la red de apoyo. Las conclusiones son muy curiosas, porque vienen a confirmar hasta qué punto no se trata del efecto de una de estas variables aisladas lo que aumenta el nivel de vida; se trata de una combinación de todas ellas.

No es mi objetivo reproducir aquí la dieta de un pescador de ochenta años okinawense, porque me preocuparía que ahora tú te limitaras a reproducir esa dieta, cuando la realidad es que lo más probable es que no seas de Okinawa y sí de Sabadell, de Murcia o de Sabiñánigo. Quizás seas mexicana o argentino. Tampoco soy nutricionista y no te escribo desde la realización de un estudio cuantitativo del análisis de nutrientes. Mi intención es hacerte reaccionar sobre qué es lo que tú puedes hacer por ti y por los tuyos para vivir más y mejor en el lugar en el que vives.

Desde mi vertiente antropóloga me preocupa mucho la reproducción de pautas fuera de contexto, sin tener en cuenta las circunstancias sociales, ambientales e incluso genéticas de cada uno, aunque supongo que esto merecería un libro entero. Pero, por la misma razón, considero necesario asomarnos a las formas de hacer en otros lugares para poder adaptarlas en nuestros contextos. Así, si sabemos que en Okinawa no toman productos procesados, pasan todo el tiempo que pueden al aire libre, se mueven hasta que no pueden hacerlo (y no como nosotros, que nos dejamos de mover mucho tiempo antes de perder la verdadera capacidad o posibilidad de movernos) y le dan mucha importancia al contacto social, a compartir y al verdadero peso de una red de apoyo, podemos pensar que todas estas variables pueden aportar mucho a nuestra calidad de vida. Propongo entonces adaptar la circunstancia genérica, no la concreta, porque los contextos no es que sean necesarios, es que son imprescindibles, y todos los que nos dedicamos a mejorar la salud de nuestros pacientes deberíamos recordarlo.

Como psicoterapeuta integrativa, no puedo evitar preguntarme cuánto tenemos de todo eso ahora, aquí. Quizás deberíamos empezar por eso, por el principio, que no es otra cosa que empezar por la conexión: la conexión con el propio cuerpo. Con la luz del sol. Con una alimentación intuitiva –esa que responde a qué me sienta bien y a qué no me sienta tan bien–. Y, especialmente, a conectar con los demás, y no precisamente con "nuestros *followers*", sino con personas de carne y hueso que nos escuchan y nos comprenden.

Pero cuidado, porque todo esto, aun así, no garantizará nuestra salud de forma global, sino que nos ayudará a sostenerla "en parte" y a sentirnos prevenidos. Y sí: escribo "en parte" a conciencia.

He de reconocer que me da mucho vértigo el uso de la palabra "prevención" cuando se trata del cuerpo humano y de la salud. Estoy pensando en algunas campañas de prevención de ciertas enfermedades que me dan la sensación de que culpan más a la persona que padece esa enfermedad que a otra cosa. Así como en lo que no son necesariamente campañas, pero sí son actitudes –bastante deplorables y ruines– de los llamados "*influencers* de la salud". Algunos me ponen la carne de gallina, y no es por gusto, sino por miedo. Miedo porque divulgan sobre lo que no conocen. Miedo porque, con tal de vender un producto u otro, provocan un alarmismo innecesario. Miedo.

Me espanta la culpabilidad en general –no creo que sentirnos culpables *por todo* ayude en *algo*– y me preocupa especialmente en personas que están conviviendo con ciertas enfermedades en su cuerpo. Y me espanta porque a estas alturas de la vida he conocido a demasiadas que enfermaron, muchas veces de forma irreversible e irreparable, habiéndose cuidado y respetado como nadie. Eso me hace sospechar que muchos diagnósticos (no todos, admito que algunos vienen después de grandes maltratos evitables) traen la certeza de lo inevitable, una lección de humildad que viene a recordarnos aquello que nunca deberíamos olvidar: que somos finitos, que esta vasija de piel, huesos, ligamentos y células que parece sostener nuestra alma tiene una obsolescencia programada.

No te conozco. O quizás sí, pero pienso en las marcas de tu piel. Tus cicatrices visibles me llevan a imaginar golpes, caídas, heridas que es posible que te hayan dolido. Como digo en mi anterior libro, hay cicatrices de vida y de muerte. Aquellas gracias a las cuales vivimos y aquellas por las que casi morimos. Las cicatrices invisibles, esas huellas de las heridas del alma, en cambio, son las que mejor conozco. Las cicatrices invisibles, en realidad, no son ni de vida ni de muerte, porque son de renacimiento…, de un volver a nacer en vida sin parto y sin sangre pero sí con la certeza de no ser el o la de antes. Las cicatrices del alma son las huellas de lo que se amó y se perdió. De lo que se apostó (en la vida, no en el juego…) y se esfumó.

Las cicatrices son las huellas de todas las flechas lanzadas que desviaron su trayectoria, como los amores no correspondidos o los intentos por volar libre o por encontrarse a uno/a mismo/a. Para un momento. Pon el dedo índice de tu mano izquierda sobre esa cicatriz que nadie ve y que solo tú sabes que existe, esa neuralgia del alma que solamente tú sabes ubicar… Cierra los ojos. Respira en ella. Siente cómo se abre la oquedad, ese agujero negro que engulle todo lo que no es, lo que no fue o ya no será. Y busca…, busca la flor que crece en ese agujero. Igual que ahí crece la vida, crece una nueva en tu cicatriz. Aunque no se vea. Aunque solamente tú la veas… Porque todos los demás te vemos renacer cada día. A cada hora. Sin tregua, con fuerza. En la ruina hay una belleza incomparable. También en nuestras cicatrices, esas que son la pista de un cuerpo mortal, pero invencible en ocasiones. Cicatrices que son el recordatorio de una obsolescencia programada, pero ante la cual tenemos una pequeña oportunidad de intervención. Recuerda cuidar esta vasija. Este contenedor mortal para tu alma inmortal.

> **¿Existe realmente belleza en el dolor?**
>
> **No existe belleza en el sufrimiento, pero el sufrimiento despliega conductas que sí son bellas.**

Un tabú es una prohibición, un veto, algo que no se puede mencionar. Hay tabúes internos y externos, individuales y culturales (colectivos). Algunos son el resultado de la moral de cada uno, y otros la consecuencia de la moral compartida de la tribu. Como antropóloga, me interesan esos. Como psicóloga, me interesan los individuales. Y, como individuo, tengo de ambos y ambos me afectan. Los hay más graves, y los hay más relativos. Los hay extravagantes, y los hay asequibles. Y hay uno que me persigue inexorable: el reconocimiento de la belleza en el dolor.

Cada vez que hablo de la posibilidad de encontrar la belleza en el dolor, en la destrucción (no siempre, ni muchísimo menos, pero sí en muchas ocasiones) mi interlocutor/a se ofende (no siempre, pero sí frecuentemente…) y me dice que el dolor es el dolor, y que la belleza es la belleza y por tanto no puede ser compatible con el dolor ni el sufrimiento. Que quede claro, por favor, que no estoy romantizando el dolor.

Sé bien que el dolor físico nos aniquila, y que el dolor psicológico nos anula. Ya nos lo dijo Buda, que el dolor era inevitable, y el sufrimiento opcional. Pero necesitamos el dolor, porque, allí donde hay dolor, el cuerpo se está defendiendo. Nuestra respuesta al dolor está muy condicionada por variables que quizás no imaginaríamos; la cultura de la que venimos va a condicionar nuestra respuesta, pero también el sentido y la trascendencia que le atribuimos a ese dolor. Todos los individuos del planeta conocen –o conocerán– el dolor. Todas las culturas encuentran una forma de legitimarlo.

No todas las enfermedades cursan con dolor físico, pero todos los diagnósticos nos van a provocar un dolor psíquico que tendremos que afrontar y atravesar.

> **No somos a pesar de las cosas que nos pasan.**
> **Somos gracias a las cosas que nos pasan.**

LA AUSENCIA ES UN MIEMBRO FANTASMA

La enfermedad es inevitable en una vida larga. La mecánica de nuestro cuerpo tarde o temprano gritará, del mismo modo que el chivato de tu coche te avisa de la falta de aceite o de falta de presión en las ruedas. Quizás sea algo más grave, como una avería en el motor o pérdida de líquido de frenos. Tarde o temprano, la enfermedad, en cualquiera de sus versiones, llamará a tu puerta.

Según la mitología finesa, las nueve enfermedades más crueles que acechan a la humanidad son hermanas entre ellas, hijas de la terrible Loviatar, nietas a su vez de otros dioses bastante "intensos". Imagina que en la mitología finesa se juntan el Dios de la Muerte (Tuoni) con la Diosa de la Tenebrosidad (Tuonetar). ¿Qué puede nacer de un encuentro así? Pues, entre otras, la Diosa de las Enfermedades y las plagas. Las leyendas dicen que era una diosa fea, vieja y ciega. Fecundada por el viento, quedó embarazada de nueve hijos que gestó durante nueve años. Cuando nacieron, ella misma les puso el nombre. Según la versión del Kalevala[8], la epopeya nacional finlandesa, los nueve hijos son: Pistos (tuberculosis), Ähky (cólico), Luuvalo (gota), Riisi (raquitismo), Paise (úlcera), Rupi (costra), Syöpä (cáncer) y Rutto (peste). La novena, una bruja y la peor de todas, permanece sin nombre. Tan terrible era que fue desterrada por su madre. ¿Te imaginas qué enfermedad era? La peor

---

8 Verso 140, Canto XLV, Kalevala. Elias Lönnrot. Alianza Editorial.

de todas, una que tiene difícil posibilidad de cura: envidia. Una hija tan terrorífica merece un capítulo aparte que encontrarás más adelante, pero, mientras, sigamos.

Algunas enfermedades son, asimismo, un tipo de ausencia. Las demencias, algunos tipos de enfermedades mentales o incluso una sordera, que llevan al aislamiento –al menos al principio– a la persona que las padece, pueden implicar una ausencia difícil de asumir. La *persona* sigue estando, pero ya no es. Nuestro padre, o nuestra madre, está ahí, en cuerpo presente, pero ya no nos reconoce, ni nos recuerda. Aceptar este tipo de ausencia presente es muy difícil, puesto que todos tenemos una importante tendencia a agarrarnos a lo que ha sido, a quienes han sido y, por supuesto, a quienes hemos sido.

Recibir el diagnóstico de determinadas enfermedades nos va a llevar a asomarnos a un abismo que, evidentemente, trataremos de evitar, pero la vida tiene sus reglas y, como ya hemos visto, no siempre tendremos maniobra para evitar ciertas enfermedades. Ese día, nuestra escala de valores sufrirá un ajuste espontáneo, y será el momento en el que tomemos verdadera conciencia de lo que es (o lo que era) realmente importante y lo que no.

Un día te das cuenta de que, cuando te pasa algo realmente grave en la vida, lo que te ilusiona de verdad son las cosas pequeñas. Me parece una de las ironías preciosas de la vida, aunque no es agradable llegar a la belleza desde el dolor. Es cuando recordamos, no exentos de caídas y heridas importantes, que es en lo más sencillo donde está el sentido de la vida. En un amanecer. La montaña. El viento. Un animalillo. El fluir de un río…, por ejemplo.

En otro momento habría añadido que esto es crecer, pero no creo que sea cierto, porque esos seres tan puros que son los niños son maestros en eso de emocionarse con lo sencillo, de pegarse horas jugando con la caja que contenía el juguete en lugar de con el juguete, o con un palo o las chapas de una botella… Pero… en algún momento lo perdemos. En algún momento lo olvidamos… y nos complicamos las cosas. Solamente lo recordaremos en el momento en que estemos a punto de perderlo todo. "Las cosas son siempre más sencillas de lo que parecen…". Se lo repito a mis pacientes y me lo repito a mí misma, que también se me olvida, no te creas. Pero entonces, cuando me lo digo, me siento más tranquila y consigo emocionarme con y en lo sencillo, que, si lo piensas bien, es absolutamente extraordinario.

Asumo con algo de vértigo en ocasiones, y con algo de miedo otras, que *ese día* llegará, y llegarán las palabras "tenemos malas noticias", o "hay que hacer más pruebas" o "tiene mal pronóstico", o que se repetirá, porque ya lo he vivido en más ocasiones de las que me hubiera gustado. Se referirán a mi madre, o a mi hijo, a mi perra, a mi pareja, a alguno de mis amigos. O a mí misma. No siempre toreamos lo que no queremos escuchar. Nadie evita lo inevitable.

Entonces nos tocará tomar decisiones que nunca antes habríamos imaginado. Enfrentarnos a pruebas, a palabras, a retos que no sabíamos que existían, ya que hasta ese día formaban parte de otra realidad a la que no teníamos acceso. Esas decisiones cruciales nos agotarán, porque precisamente por su poder para cambiar el rumbo de una vida las decisiones irán desgastándonos poco a poco.

La enfermedad vivida en silencio va a agotarte. De hecho, es lo que callamos lo que muchas veces nos lleva a enfermar. Y lo que no afrontamos. "El cuerpo siempre lleva la cuenta", defiende Van Der Kolk en su famoso libro del mismo nombre. El cuerpo acumula, retiene, aguanta, explota. A veces digiere, a veces no. El cuerpo se cura, o no.

Cada piel tiene su cartografía. En ella, quedan representadas las cicatrices de cada existencia. Las que dejan una marca más exagerada son las de las cosas que no salieron como deseábamos. Las ausencias. Las despedidas veladas. Otras son el recordatorio de una época peor, pero que ya quedó atrás.

Las ausencias también dejan su huella en nuestra piel. Las recordamos en las caricias que nos duelen, o en el sol que nos quema. Lo que no es, y un día fue, es también parte de nuestra huella dactilar.

Sin duda, no estamos libres de que la enfermedad llame a nuestra puerta. A veces, será de repente. Otras, la salud nos irá dejando poco a poco, y nos daremos cuenta cuando estemos en el otro lado del continuo. Las enfermedades, físicas o mentales, nos van a obligar a detenernos y replantearnos la vida. *Turning Point* –Momento Crucial– lo llamó Lawrence LeShan. El daño físico de un cáncer, de una esclerosis, de un tumor, de un linfoma, entre tantos otros, van a recordarnos nuestra obsolescencia y van a resetearnos el valor y la moral, los valores y los recuerdos. Cuando la enfermedad es psíquica, quizás tardaremos más en reaccionar (básicamente porque nuestra existencia no estará en riesgo directo) pero igualmente se reseteará nuestra relación con la vida.

Probablemente conoces la historia de Jonás y la ballena. Jonás era un profeta rebelde que ni obedecía ni se resignaba. En su rebeldía, se atrevió a desobedecer el designio que Dios le había encomendado, así que, en lugar de obedecer, se embarcó en la dirección contraria huyendo de su tarea y de lo inevitable. Dios, que todo lo ve, enfadado, desató una fuerte tormenta sobre el barco. Los pescadores enseguida entendieron que su polizón tenía algo que ver con la marejada, y lo tiraron por la borda. O sacrificaban a Jonás y se salvaban ellos, o morían todos. Jonás estuvo de acuerdo con el sacrificio, puesto que, aunque rebelde, no quería que nadie muriera por su culpa. Una vez en el mar, resignado a su muerte, una ballena lo engulló. Durante el tiempo que estuvo en el vientre de la ballena, Jonás reflexionó y comprendió que nadie puede evitar lo inevitable. La ballena, terrorífica y mortal por fuera, guarda en su interior el silencio y la protección, dándole a Jonás tres días y tres noches[9] de contemplación y reflexión.

La enfermedad –en ocasiones terrorífica y mortal– a veces arrasa con todo. Otras, nos devuelve a la orilla magullados y doloridos, pero nos devuelve. Y se trata de aprender a vivir desde ahí, del mismo modo que Jonás aprendió a vivir de nuevo después de volver de la ballena: afrontando lo inevitable.

El cuerpo siempre cicatriza, sellando la herida y haciendo visible la huella de lo que tanto dolió y que en ocasiones sigue doliendo a pesar de la cicatriz.

Llegados a este punto, la peor ausencia a la que nos aboca la enfermedad es a la falta de ilusión. Porque para resistir es necesario un motivo, unas ganas, una razón. Y, a veces, esas ganas, esa razón o ese motivo no serán suficientes, pero nos permitirán transitar la enfermedad –el vientre de la ballena– con la capacidad de reflexionar e incluso de encontrar el sentido allá donde lo habíamos perdido.

---

9 Exactamente el mismo tiempo que necesitó Jesucristo para resucitar.

CUANDO LO QUE NO ES, ES EL HIJO: LA VIDA NO VIVIDA

"No estoy enferma. Estoy rota. Pero estoy feliz de vivir mientras pueda pintar."

FRIDA KAHLO

El hijo que no nace es, posiblemente, uno de *lo que no es* más dolorosos a los que una familia puede enfrentarse jamás. Si el hijo no es esperado ni deseado, nunca será algo que falte, por lo que no hablamos de esos casos en los que la no maternidad llega por una decisión consciente y madurada, porque ahí no falta nada. El hijo falta cuando se le desea, cuando se le busca y se le busca y se le vuelve a buscar, cuando se proyecta su nacimiento, su vida por vivir, nuestra vida por vivir con él, con ella, y que por diferentes circunstancias, algunas inexplicables, otras médicas, otras económicas, o sociales, o todas juntas, nunca dará lugar.

La idea del hijo que no es va mucho más allá del niño no nacido, porque no es solamente una persona que no nace y a la que por tanto dejo de conocer. Un hijo que no es es, en última instancia, el símbolo de todo aquello que no será jamás. Y aprender a vivir con la ausencia de lo que podría haber sido, que nunca ha sido real ni concreto, y que nunca será, es algo muy difícil de asumir.

Frida Kahlo, la famosa pintora mexicana y la autora con la que abro este capítulo, sufrió tres dolorosos abortos que le impidieron cumplir su anhelado sueño de ser madre. La obra pictórica de Frida Kahlo está absolutamente condicionada por los que ella definió como los dos grandes accidentes de su vida: el tranvía y su gran (y tortuoso) amor, Diego Rivera, quien le hizo sufrir hasta límites insospechados. El tranvía al que se refiere es el que la atropelló cuando ella tenía 17 años, y que la destrozó por dentro. El parte médico dice que se rompió la columna vertebral en tres partes, también la clavícula, y tuvo lesiones de varios tipos; las más severas: la perforación del abdomen, del útero y de la pelvis por el pasamanos del tranvía. El accidente la condenó a padecer dolores que posiblemente no imaginaremos, y a no poder gestar, aunque milagrosamente se quedó embarazada en tres ocasiones. Ninguno de estos embarazos pudo continuar –no había sitio ni opción para la gestación de un bebé en un cuerpo perforado– y ella no pudo cumplir su gran deseo: ser madre de Dieguito, el hijo que quería darle a su otro Diego. Los abortos de Frida le impidieron ser madre, y al mismo tiempo le permitieron una creación artística incomparable. "Estoy rota", dijo, "pero feliz de vivir mientras pueda pintar", es decir, de crear.

Si lo piensas, la palabra aborto hace tiempo que ha ampliado su campo de significación e influencia, y abortar es un concepto que hemos sacado de la biología, porque en la actualidad abortamos proyectos, abortamos relaciones, se abortan misiones y se abortan intentos de fuga. Abortar es un verbo que ya no sólo se refiere a la interrupción de un embarazo. Sus sinónimos cuentan una historia por sí mismos: *fracaso, malogro, frustración.* Así que esto significa que tú has vivido algún aborto en algún momento de tu vida, porque seguro que a estas alturas de la existencia has fracasado alguna vez, y seguro que muchas cosas no han salido como esperabas. Si el aborto que has vivido implicó ciertamente la interrupción de un embarazo, voluntaria o espontáneamente, estoy segura de que una pregunta que te has planteado en muchas ocasiones tiene que ver con cómo hubiera sido si *todo aquello* hubiera seguido adelante. Ese momento, el aborto, abre una encrucijada en el camino de la vida al que te recomiendo no volver con demasiada frecuencia. El camino que elegiste, la vida que no se abrió, son lo que precisamente han hecho espacio a todo lo sí ha sido y todo lo que es.

Cuando lo que no es es el hijo, no necesariamente implicará un aborto, es cierto. Muchas veces no hay opción de implantación, ni de gestación, pero el hijo que no es sí abortará tus sueños y tus anhelos, y en cierto modo el plan de tu vida. Así que será necesario detenerse y reiniciarse.

El anhelo de tener un hijo no es sólo una cuestión de supervivencia cultural y transmisión genética. Hay muchos aspectos afectivos y profundos implicados que han convertido el deseo de la maternidad y paternidad algo muy remoto.

"Hace mucho tiempo, fácilmente puede que haga dos mil años, había un hombre rico que vivía con una esposa que era al mismo tiempo bella y buena. Se amaban mucho, pero no tenían niños, aunque los deseaban. Día y noche, la mujer rezaba por un niño, pero seguía sin tener ninguno"[10]. Así comienza uno de los cuentos de hadas más terroríficos que existen, *El enebro*, compilado por los Hermanos Grimm.

---

10   Hermanos Grimm. Edición Anotada. Ediciones Akal 2020.

Rapunzel, otro de los famosos cuentos recopilados por los Hermanos Grimm, empieza así: "Érase una vez un hombre y una mujer que durante muchos años habían estado deseando un niño, pero sin suerte. Un día, la mujer comenzó a sentir que Dios iba a cumplir su deseo...".

Y exactamente del mismo modo empieza (aunque no sea hace dos mil años y sea ahora, aunque no sea una pareja heterosexual, aunque no se trate de un hombre necesariamente rico o una esposa necesariamente bella y buena) la lucha, la búsqueda, el peregrinaje o agotamiento de muchas personas en la búsqueda de la ansiada ma/paternidad.

Estos son sólo algunos de los cuentos en los que se narra la historia de un matrimonio que no puede tener hijos, y que, para conseguir su más amado sueño, se entregan a algo mayor, prometiendo lo que no se puede prometer, pidiendo aquello que no podrán entregar, comenzando así un periplo de aventuras y desventuras terroríficas, y, en el caso del Enebro, sangrientas, y dolorosas en el caso de Rapunzel.

REESCRIBIENDO EL CUENTO

Sabemos que la vida no es un cuento, y que es precisamente al revés: los cuentos se inspiran en la vida para así enseñarnos o guiarnos en este viaje sin mapa en el que se convierte a veces nuestra existencia. Los que somos psicoterapeutas sabemos a ciencia cierta que *la realidad supera siempre a la ficción*; sabemos de muchas parejas, y también de mujeres que buscan la maternidad en solitario (los hombres tienen muy difícil esta búsqueda si están solos, quizás también tendríamos que hablar de eso), cuya historia comienza con la imposibilidad de ser padres. Aunque no prometen lo improbable a brujas o hechiceras que se llevarán después a sus bebés, como sucede en *El enebro* o con Rapunzel y en tantísimas otras fábulas, sí sabemos que en la actualidad son muchas las mujeres que someten a su cuerpo a un sinfín de agresiones enmascaradas en la palabra "tratamiento", que hipotecan y refinancian ese ideal que es tener un hogar propio, y que dudan, dudan mucho, y dudan en soledad sobre "si las cosas deberían ser así". Dudan de si lo natural debería ser artificial, de si un hijo propio debería ser fecundado en un laboratorio o en una cama, de si deberían hacerlo con los propios óvulos o con los óvulos de una joven desconocida, de si deberían seguir luchando o resignarse. Pero ¿cuándo parar? ¿Cuándo dejar de soñar, de imaginar, de proyectar…, de manifestar?

La fertilidad es una palabra que nos acompaña toda nuestra vida adulta. De hecho, marca dos importantes ritos de paso en la vida de una mujer: su menarquia y su menopausia. Y entre la primera menstruación y la última (en condiciones normales hablamos de unos treinta y cinco/cuarenta años de menstruación) se dará siempre por hecho su fertilidad. Esta es la cuestión: una mujer, una pareja, dará siempre por hecho que es fértil, es decir, creerá que "por defecto" puede tener hijos, y que, por tanto, no poder tenerlos será el síntoma de un defecto.

Durante la mayor parte de su vida fértil (menstruante) la mujer asumirá pues que puede quedarse embarazada, y utilizará los mejores métodos anticonceptivos que estén en su mano para evitar el embarazo fuera de tiempo o fuera de contexto. Es evidente, llegados a este punto, que *menstruación* no es sinónimo de *fertilidad*. En cambio, la falta de menstruación sí será una pista de problemas ulteriores de fertilidad.

Cuando la pareja, o una mujer soltera, decida que es el momento de ser madre, abandonará estos métodos anticonceptivos tratando de ser fecundada. Y será ahí cuando tome conciencia de que la vida no es un cuento, o, mejor dicho, que se parece al lado oscuro de los cuentos de hadas, donde para conseguir el ansiado sueño la mujer debe prometer lo que no se puede prometer, pidiendo aquello que no podrá entregar después y a lo que ya nunca podrá renunciar. En ese momento de búsqueda y espera, ambas desesperadas, comenzará el desgaste, el miedo y las supersticiones, porque todas, todos, somos especialmente supersticiosos cuando deseamos algo fervientemente, ya que, como seres humanos...

> **El acceso a la magia no se nos ha vedado, solamente lo hemos olvidado, y, cuando la ciencia no responde, sólo nos queda la creencia.**

He conocido mujeres tremendamente racionales que han cumplido a rajatabla, durante la búsqueda de su bebé, con todos los rituales posibles, habidos e imaginados, algunos bastante rocambolescos. Así, si te cuentan que tienes que beber agua de un determinado manantial, bañarte en un determinado río o ir a visitar a San Gerardo, posiblemente lo harás, porque todos necesitamos creer. Y porque es en los momentos de mayor vulnerabilidad cuando realmente creer es imperativo: creed.

Siempre me ha hecho gracia que la primera persona del singular del presente simple (como si el presente fuera simple...) se conjuga igual en creer y crear: yo creo. No sucede lo mismo en primera persona del plural: creemos, del verbo creer, y creamos, del verbo crear. Por ello, veamos también todo lo que podemos hacer –crear– a nuestro favor.

EL VIENTRE VACÍO

Se define la infertilidad como la incapacidad de conseguir un embarazo "a término", con un niño nacido sano y después de, al menos, un año de relaciones sexuales habituales sin haber utilizado métodos anticonceptivos. Es decir, que no hablamos únicamente de mujeres o parejas que no se quedan embarazadas, sino de aquellas que, quedándose, pierden el embarazo en diferentes semanas de gestación. Ya hemos tratado, unas líneas más atrás, lo que significa en una vida un proyecto *abortado*.

Una de las peculiaridades de la infertilidad es que no duele. Me refiero en un sentido literal, porque en un sentido metafórico posiblemente será uno de los eventos más dolorosos en la vida de una pareja o una familia. Pero siempre me han llamado poderosamente la atención los sufrimientos invisibles, las cicatrices sin herida, el dolor extremo sin su correlato fisiológico, que son equivalentes a los gritos del alma, que son siempre en silencio. Porque ese es el lugar en el que se desenvuelve la infertilidad: en el territorio del silencio y del secreto.

Es un síntoma de falta de salud sin un malestar que lo delate. Es un signo de que algo no funciona sin que absolutamente nada lo haga sospechar, hasta que se intenta procrear. La infertilidad no se ve. Y ese es el verdadero problema: que no se ve. No se ve nada. No se ve a nadie. No llega nadie.

Se estima que, en el mundo, una de cada seis parejas tendrá problemas para tener hijos. Es decir, que entre el 15 y el 20 % de las parejas españolas tendrá problemas para concebir. Entiendo que en este porcentaje, que ya me resulta extremadamente alto, no se considera a las parejas que no tendrán hijos por circunstancias ajenas a su biología (precariedad económica, por ejemplo) y mucho menos a las mujeres sin pareja que deciden enfrentarse a la aventura de la maternidad en solitario. De los hombres solos que quieren ser padres (que quisieran serlo, en realidad) hablaremos más adelante.

En cualquier caso, la infertilidad afecta a millones de personas. Eso significa que, en este mismo instante en el que tú estás leyendo estas líneas, son millones de personas las que no pueden concretar el anhelo de la maternidad / paternidad. Ahora mismo, millones de personas deben abrir un espacio en su interior a la vida no vivida. Ahora mismo, millones de personas no están siendo y no serán. No nacerán, y en su ausencia cambiarán el destino de las personas que no las conocerán. Y una de esos millones de personas puedes haber sido tú, y quizá ya renunciaste a ese anhelo, y ya digeriste esa ausencia insondable, o bien puedes ser tú dentro de un tiempo.

Descubrir que "no me quedo embarazada" afecta muchísimo a la mujer (y por ende a la pareja, si la hay), provocando una montaña rusa de emociones que van desde la desesperación a la rabia por el sentimiento de injusticia. La forma de concebir, el tiempo que se tarda en conseguirlo, o la forma de parir determina –mucho más de lo que pensamos– cómo cada mujer se percibe a sí misma.

Como mujer y madre, sabiendo bien lo que significa gestar, parir, afrontar un posparto, y vivir el proceso por el que mi hijo se convierte en sí mismo, me resulta alucinante escuchar a mujeres que dicen "yo no he parido" debido a que el parto fue por cesárea. Hasta donde yo sé, la cesárea es un tipo de parto, así que, sea "por abajo" o "por el centro", esa mujer ha parido a su hijo. Lo mismo sucede con la forma en la que una mujer se queda embarazada. Y por supuesto que sucede lo mismo si es con tus óvulos o con los de una donante.

Lo único que lo cambia todo es que este momento no dé lugar. Que ese embarazo nunca empiece, o que ese embarazo termine antes de tiempo, o, en el peor de los casos, que termine con la vida que estaba creando.

PODAR EL ÁRBOL

Es curioso que para hablar de la estructura de la familia utilicemos la palabra árbol. Quizás podríamos usar mapa –mapa familiar– o plano, o ruta, o casa; pero no, usamos árbol. Árbol familiar. El árbol genealógico marca las rutas de nuestros antepasados hasta llegar a nosotros. Entonces, el hijo no nacido es una rama podada. Una rama que no continúa su ruta.

Un hijo no nacido no es un hijo muerto, pero a su vez un niño muerto puede nacer. Son los mortinatos, palabra que encierra en ella un mundo entero. Mortinato. Nacer. Muerto. Es la no existencia y la existencia total a la vez. Paradójicamente, absolutamente todo cabe en una vida que no es, ni será. Si la muerte de un hijo es inasumible, hacerlo en este momento de la existencia es tremendamente duro, porque se pierde una vida imaginada, proyectada, y todo cabe ahí.

El duelo por la muerte de un hijo es, con diferencia, el peor de los duelos que se pueden vivir. Y es uno que no se puede nombrar. Los hijos que pierden a sus padres se llaman huérfanos. Las parejas que pierden a su otra mitad se llaman viudos. Y, del mismo modo que no hay designio para los que no han conocido a su hijo, no hay nombre para los padres que han perdido al suyo[11]; bueno, excepto en un idioma. En hebreo: *shakul*. Es una palabra que no se puede traducir con otra palabra, y se refiere a la rama de la vid que ha vendimiado. Es una rama sin fruto. Una rama amputada. El árbol genealógico corta ahí su camino, cancela su ruta a la vida. Cancela la transmisión de sueños, de ilusiones, de esperanzas, y sostener la vida que no es pesa más de lo que nuestros corazones pueden soportar.

Sabemos que un duelo es proporcional a la calidad de la relación. O sea que, cuando una relación era buena, el duelo por la persona perdida, una vez transitado el dolor, será bueno, permitiéndose el recuerdo desde el amor y la alegría por todo lo vivido y compartido. En cambio, cuando la relación era mala, el duelo se complicará y será muy difícil de trascender, puesto que todo lo que no se dijo y todo lo que no se hizo bien se recordará desde el reproche. Esto es así porque entre ambas personas –la que se va y la que se queda, la que murió y la que se quedó aquí– quedaron demasiadas cosas por decir y por resolver. Así que sí, el duelo es proporcional a la calidad de la relación. Pero, claro, si la intensidad depende de la relación, ¿cómo puede ser tan duro el duelo por alguien que no existe, que no ha sido y que no es? Pues se trataba de una relación muy intensa, pero una relación que nunca se manifestó a nivel extrafísico, pero que deja una huella indeleble en la madre. La mujer que ha perdido un bebé nunca será la misma. El hombre que ha perdido un bebé nunca será

---

11   Desde 2017 se está proponiendo en español el término huérfilo, pero es de muy lenta implantación, no es una palabra fácil de reconocer o incorporar. En el Diccionario de la Lengua Española de la Real Academia Española no tiene entrada.

igual. En ambos se proyectará siempre la posibilidad no estrenada, el camino no transitado.

Una vez leí que, en una sociedad que le da tanto la espalda al dolor y a la muerte como la nuestra, el duelo es, en realidad, proporcional al tamaño del féretro. Lo que significa que, para féretros más pequeños, duelos más pequeños. Y a féretros adultos –y por tanto grandes–, más dolor. Semejante despropósito solo puede explicarse desde un contexto de otra época o de otro lugar, o ambos. El duelo expresado, es decir, la emoción que se manifiesta, puede dar algo de pistas, porque lo que sí que sabemos es que el duelo por un nonato corresponde a la parcela de lo íntimo y lo privado. Es un sentimiento silenciado y no permitido en muchas ocasiones, pero asegurar que depende del tamaño del féretro es insostenible.

Existen abortos, las pérdidas neonatales y los bebés que mueren al poco nacer. A veces, nacen bebés no esperados, y también bebés con demandas que no se esperaban. Son los duelos activos y pasivos en la maternidad y en la paternidad: por los hijos que no tendré y por los hijos que no serán lo que yo pensaba y creía. Por todo esto, la vida no vivida no es solamente la que no es. La vida no vivida trata también de los hijos que no son lo que se espera, o que no son como se les espera. Andrew Salomon trata majestuosamente este tema en su imponente *Lejos del árbol*. Hijos sordos, con síndrome de Down, pero también homosexuales o bohemios en una familia estricta o rígida. Pero es que no hay que hablar de discapacidades o capacidades reducidas, ya que todos vamos a decepcionar a nuestros padres en algún momento. Lo que se espera de nosotros nos acompañará siempre, hayamos nacido o no, y en muchos casos condicionará nuestras vidas hasta límites insospechados.

TENERLO TODO, MENOS LO QUE MÁS SE DESEA

La no gestación de una vida es, en realidad, la gestación de todo lo no vivido y de todo lo que (ya) no se vivirá. Sostener eso es inasumible la mayoría de las veces. Esto es lo que hay que sostener realmente cuando hablamos de infertilidad.

> **La búsqueda de un embarazo tiene más que ver con recibir que con conseguir.**

Aprovecho para preguntarte: ¿cómo te llevas con la recepción? Así, en general, en tu vida. Recibir halagos, recibir regalos. Tu relación con la recepción da información sobre tu relación con el merecimiento.

No se trata de conseguir un positivo, aunque sé bien que muchas veces se vive así, sino que simbólicamente se trata de recibir la simiente de una nueva vida. La simiente es la semilla de la que brota una vida, y todas las esperanzas puestas en ella. Simiente es semilla, pero también es la raíz de seminario, y por supuesto de semen, la primera aportación masculina a nuestro desarrollo.

Dice la ciencia que la historia del bebé comienza mucho antes de su nacimiento, y que las informaciones percibidas por el embrión participan en su desarrollo. Esta frase da tanta luz como miedo a la vez. ¿Acaso le estamos diciendo a una pareja que no está consiguiendo ese anhelado embarazo que su tristeza, su impotencia, su indefensión están influyendo en ese bebé que no ha sido ni fecundado? Eso sería injusto y deshonesto, una importante presión añadida a la fragilidad de un vínculo (esa pareja) que siente que ya no puede hacer nada más, que ya no sabe qué más hacer…. Pero también siento que da un poco de luz, la luz que se abre al final del túnel que nos invita a pensar que "los que no están están en realidad en algún lugar antes de estar".

Un nacimiento es uno de los grandes eventos que hará tambalearse los cimientos de cualquier sistema familiar[12].

> **Siempre me ha llamado la atención que la palabra sistémico incluye dentro de sí la palabra sísmico.**

Cualquier movimiento *sis(té)mico* va a ser un movimiento *sísmico*. No nacer cuando eres deseado, esperado y buscado es otro movimiento sis(té)mico, lo que confirma que algunas ausencias son tan consistentes como una presencia.

"Todos hemos nacido de un deseo", leí una vez. Aunque sea de un deseo inconsciente. No nacer no solo no aniquila ese deseo, lo reafirma. Como psicoterapeuta que acompaña a muchas mujeres y parejas en su búsqueda de embarazo, me gusta invertir tiempo en la pregunta: ¿por qué quieres ser madre / ser padre? Y me cuestiono: ¿el deseo expresado tiene concordancia con el deseo inconsciente? Es decir, ¿ese "quiero quedarme embarazada" es coherente con la idea de que después –afortunadamente para muchas mujeres, pero no para otras– ese embarazo acabará y comenzará la historia social (la historia biológica ya había comenzado unos meses antes) de ese bebé?

Aristóteles defendía que la vida humana estaba formada de un coágulo de sangre menstrual (esto era lo que se enseñaba en las facultades de medicina hasta el siglo XVIII). Por muy surrealista que me resulte la imagen, hay una parte

---

12 Los otros *movimientos-bomba* son la muerte, y enamorarse. La llegada de un nuevo miembro al sistema lo mueve todo, y a todos.

de mí que piensa que ojalá hubiera sido así, ya que entonces toda mujer menstruante que detuviera su menstruación estaría conformando un pequeño ser humano. Pero no, las cosas no son así. Son, de hecho, bastante más complicadas. Y es por eso por lo que a lo largo del tiempo y a lo largo de las culturas siempre han existido rituales de fertilidad y son muchas las diosas que han sido veneradas para conseguir la maternidad. Como seres humanos, somos muy amigos de pedir fuera lo que queremos para dentro, porque ya hemos visto que, cuando la ciencia no llega, queda la creencia, y que todos necesitamos creer y agarrarnos a algo cuando lo anhelado, cuando lo más deseado, no llega.

La infertilidad no es un castigo, por supuesto, si bien es interesante que revisemos la culpabilidad que sienten muchas mujeres al no quedarse embarazadas, una culpa que en muchos casos he visto en consulta, que atribuyen a épocas anteriores de su vida, de una relativa promiscuidad sexual, y en algunos casos a abortos provocados anteriormente. "¿Y si esto me pasa porque aborté a mis 19/21 años?", se preguntan muchas de mis pacientes. No[13]. La infertilidad no es la penitencia de un pecado, es más bien una circunstancia que puede resolverse, o no resolverse jamás. Es cierto que la fertilidad es un asunto muy sencillo para muchas personas, pero cuando hay cierta inconsciencia, es decir, cuando no se piensa demasiado en ello. Para la mayoría –y por mi experiencia en consulta tengo la sensación de que va en aumento– es algo muy difícil a lo que deberíamos llegar con más consciencia, con más respeto, y con mucho cuidado. Ser padres no es sólo una aventura, o

---

13 A no ser que la intervención para la interrupción del embarazo dejara secuelas en el aparato reproductor de la mujer.

un compromiso. Es una responsabilidad a la que debemos llegar desde nuestra mejor versión.

Cada vez se habla más de la realidad de no poder ser madres, o padres, por circunstancias. La filósofa australiana Leslie Cannold lleva casi una década defendiendo la necesidad de considerar la no maternidad por falta de pareja como una "infertilidad social". Las circunstancias que impiden la consecución del deseo de la maternidad/paternidad pueden ser, además de por no tener pareja y no querer afrontar la maternidad en solitario, una causa médica, o es la precariedad económica la que dificulta la maternidad. Los testimonios de mujeres que no han podido realizar su anhelo de maternidad llegan cada vez más lejos. Los encontramos en películas, libros o entrevistas. Pero ¿qué tienen que decir los hombres que no han podido ser padres? Tengo la sensación de que a veces vinculamos el deseo de la maternidad a las mujeres, cuando la realidad es que los hombres también lo tienen, dado que es inherente a la especie humana, y ellos también pasan por ese duelo silencioso, y silenciado.

Me encantan las matrioskas, esas muñecas rusas de madera que contienen unas cuantas versiones de sí mismas, cada una más pequeña, hasta llegar a una última muñequita, minúscula, que ya no puede contener ninguna otra. Me gustan porque me parecen un gran símbolo, pero especialmente creo que son un recordatorio inevitable de hasta qué punto, dentro de cada uno, viven todas las versiones de nosotras mismas y de nosotros mismos. Esta interpretación es absolutamente alegórica, porque la leyenda original, recopilada por el escritor búlgaro Dimiter Inkiow, es algo diferente, y guarda relación con el deseo de los hombres.

En la historia de Inkiow, el protagonista es Serguei, un carpintero que vivía de forma aislada en algún lugar remoto de alguno de los frondosos bosques rusos. Serguei se sentía solo, así que un día decidió tallar una pequeña muñeca de madera a partir de una ramita que había encontrado días atrás. Guardaba aquella rama de una forma especial porque la había encontrado milagrosamente seca, un día en el que la nieve había cubierto todo el bosque. Así que, a partir de esa ramita tan especial, decidió tallar una muñeca que fuera también especial, y que pintó de hermosos colores, y a la que llamó Matrioska.

Serguei estaba muy orgulloso de su muñeca, que tenía siempre cerca de él. Pero una noche pasó algo extraordinario, y la muñeca le habló. Matrioska le habló de su soledad y de su vacío interior, y le pidió por favor un hijo al que cuidar. La muñeca había observado, en los viajes con Serguei, que las mujeres humanas tenían hijos, que los animales tenían cachorros, y que hasta las plantas tenían flores. Serguei aceptó, pero le avisó: "Tendré que sacar a tu hija de tu interior; te abriré y te dolerá, pero, después, ella siempre podrá estar contigo, dentro de ti". Y, así, Matrioska se escindió, y a partir de ella se creó a Trioska. En el cuento narrado por Inkiow, se repite la historia y la demanda de las muñecas una y otra vez; y, así, de Trioska nació Oska, pero, cuando Oska (nieta de Matrioska) pidió una hija, la madera se estaba terminando, así que Serguei creó al último de los muñecos de madera, a Ka, a quien pintó de nuevo majestuosamente, pero esta vez con bigotes y casaca –un varón–, pensando que así el muñeco ya no tendría instinto paternal.

Pero ¿de verdad los hombres no tienen instinto paternal? Tengo alguna duda al respecto.

Cada semana escucho a mujeres que no han sido madres por diferentes circunstancias; algunas biológicas (problemas médicos de diversa índole, como miomas, endometriosis, cáncer y las derivaciones de su tratamiento, etc.) y otras sociales, que van desde la precariedad económica hasta la falta de pareja o incompatibilidad con su carrera profesional. Pero creo que los hombres que no han tenido hijos (muchas veces por las mismas razones que las mujeres; esto es, biológicas o sociales) también tienen mucho que decir, lo que no sé es si la sociedad tiene ganas de escucharlos.

Durante mucho tiempo, en esa división que tanto le gusta hacer a la sociedad, se consideraba que si una madre no tenía hijos era porque no podía, y que si un hombre no los tenía era porque no quería. La posibilidad de que una mujer no quisiera tener hijos era socialmente inaceptable, supongo que desmontaba un montón de mitos. Es cierto que aquí, en la ruta por la ausencia que estamos transitando, no nos interesa la no maternidad por elección, pues no habla de ausencias ni de faltas. Nos interesan los anhelos no cumplidos, las ilusiones que no se alcanzan. Es cierto que, en lo que a paternidad se refiere, los hombres también han sufrido lo suyo cuando no han podido –o no pueden– tener hijos. Para empezar, porque muchas veces se ha confundido esterilidad con impotencia, cuando no tienen nada que ver, pero el hombre –de otros tiempos, en otros lugares– sentía que con los hijos certificaba su potencia o su funcionamiento sexual. Si digo semental –otra vez la simiente– quizás pienses en un caballo, pero la palabra semental se atribuye también al hombre que es capaz de fecundar muchas veces, de tener muchos hijos, como si eso fuera lo importante de la paternidad.

Las circunstancias por las que un hombre hoy no es padre son las mismas que las de las mujeres, con la añadidura de que, llegado el caso, una mujer podría gestar sola a un hijo (con donante, se entiende) y en cambio un hombre no puede, por razones obvias, ejercer la paternidad en solitario.

La cuestión es que no se trata de fecundar, sino de criar, de educar, de inspirar, de motivar, de ilusionar, de acompañar, y, aunque por lo general la paternidad es cada vez más consciente y responsable, hay muchos padres biológicos que son eso, padres arquetípicos, implicados y conscientes. Afortunadamente también he conocido a padres putativos que lo han hecho mucho mejor que los padres biológicos, que solamente aportaron la semilla.

Tenemos que ser honestos y reconocer que hay tantos hombres sin hijos que hubieran deseado ser padres como hombres con hijos que no saben serlo, o que incluso preferirían no serlo. Unos viven con la ausencia de sus no hijos y otros viven con la ausencia de una versión de sí mismos que no es. Ambos lidian con lo que no es. Otra vez.

La asunción del hijo no nacido, y la del mortinato, es la de toda una vida que no es. Y esto es inasumible para cualquier persona consciente. La asunción de la vida que no es parece difícil de asumir hasta para los animales. Son muchas las especies que despliegan conductas de luto comparables a las nuestras. Quizás te suene la historia de Natalia, una chimpancé del Bioparc de Valencia que perdió a su bebé al poco de nacer y la mantuvo hasta tres meses en brazos. Los demás chimpancés, las primera semanas tras la pérdida, se acercaban y la abrazaban. La historia de Tahlequah también nos confirma esto. Tahlequah es una orca que ha conmocionado a la comunidad científica, no una sino dos veces, por su forma de afrontar el duelo de sus crías. En 2018, Tahlequah recorrió más de 1600 kilómetros en aproximadamente dos semanas, mientras arrastraba el cuerpo inerte de su cría, que acababa de morir al poco tiempo de nacer. En principio, no es un comportamiento extraño en cetáceos, pero sí es extraordinario que durara tanto tiempo, y que fuera acompañada de forma ritualizada por otras orcas. El 1 de enero de 2025, mientras yo escribía este libro, y celebrábamos el año nuevo, Tahlequah fue encontrada, de nuevo, arrastrando el cuerpo inerte de un nuevo bebé orca. Esta vez, acompañada por sus dos crías mayores. Los científicos asumen que cuando se sienta preparada se desprenderá de su cría y podrá continuar navegando libre, sin esa "carga" que es el cadáver de su retoño.

Lo que los científicos posiblemente no consideren es que, en realidad, esa "carga" es una de las más pesadas y de las más difíciles de soltar, porque, aunque Tahlequah se libere del cuerpo inerte de su cría, el peso de su ausencia la acompañará siempre.

La infertilidad –esa incapacidad de llevar un embarazo a término– no nos va a afectar únicamente en lo relativo a la procreación (que palabra más bonita, por cierto, pro-crear), sino que la cualidad de ser fértiles nos acompañará siempre en varias facetas de nuestra vida. Según la Real Academia de la Lengua algunos sinónimos de fertilidad son: riqueza, abundancia, productividad o proliferación. Así que podemos ser fértiles (o infértiles) en la producción de sueños y deseos, de anhelos y proyectos. Podemos ser prolíficos en nuestros contactos sociales, y ser ricos en la calidad de nuestros amigos y en la forma de ejercer nuestro trabajo.

Para mí la infertilidad es por encima de todo un sentimiento de indefensión, la imposibilidad de cumplir no sólo un sueño, sino un deseo, un proyecto, un objetivo, que son mucho más concretos que los sueños.

En nuestra especie, los padres que pierden un hijo necesitan desarrollar recursos que no necesariamente surgen en otros tipos de duelos, porque aquí, más que nunca, es necesario resolver el vacío del futuro, la gran ausencia de lo que ya no será. No desarrollar el deseo de maternidad o paternidad no es necesariamente perder un hijo, es cierto, pero sí que implica –y he aquí el peligro– perder la idea de lo que hubiera sido perder un hijo. Y ese "cómo hubiera sido" es muy peligroso, porque en él caben todos los futuros que podrían haber sido. Ojalá podamos extirpar los condicionales de nuestro lenguaje.

Soy madre y entiendo el sueño de la maternidad. Yo también lo tuve en su momento, y me fue dado porque esa era, o esa fue, mi circunstancia. Mi hijo se llama exactamente como el hijo de Frida que no fue, Dieguito. Dieguete, don Diego. Pero, si en un contexto de mi vida me he sentido fértil, ha sido en mi trabajo, y, sin ninguna duda, escribiendo. A Frida le salvó la pintura y la intensidad de la vida que sí fue, a partir de todo lo que no fue para ella. ¿Cómo hubiera sido la existencia de Frida siendo madre? Nunca lo sabremos. Yo tampoco podré imaginarme mi vida sin ser la madre de mi hijo. Entiendo que una mujer, un hombre, una pareja, que no han cumplido su deseo de maternidad no encuentran alivio en expresiones como "hay muchas maneras de ser madre o de ser padre". O recordándoles que hay personas que han parido que no ejercen de madre y que otras tantas que no han parido ni parirán jamás son madres y padres (putativas) de pleno derecho.

Cada día reivindico más fervientemente acompañar a los demás en lo que sienten. Tenemos que aparcar esta tendencia de tratar de "animar" sin sentir antes lo que sienten los demás. Debemos superar, ya de una vez por todas, esa tendencia de animar al otro quitando importancia a lo que siente, porque eso que siente y presumiblemente te incomoda es lo que le importa.

> **Es ahí donde radica exactamente acompañar al otro:**
>
> **Poner luz a lo que le importa y no tapar lo que a ti te incomoda.**

Todas, madres o no, padres o no, tenemos codificado en nuestras células el conocimiento de lo que es la concepción, la gestación y un parto. Vamos a convertirlo en verbos: concebir, gestar y parir tratan sobre algo que se desarrolla a partir de nuestra propia sustancia, de lo que somos, y los tres verbos son metáforas de todas las creaciones posibles.

> **¿Qué eliges crear tú?**

CUANDO LO QUE NO ES,
ES EL AMOR: LA SOLEDAD

*"No puedes salvar a las personas,
sólo puedes amarlas"*

ANNAÏS NIN

Me gustan las historias, porque siento que el mundo es un enorme tapiz donde los hilos que configuran el paisaje final son las historias que nos contamos y que nos cuentan, o las que encontramos por el camino. Las historias –y éstas pueden ser mitos, cuentos o leyendas, pero también anécdotas o noticias– nos dan respuestas a la vez que nos colman de preguntas. Abren caminos y, en ocasiones, resuelven encrucijadas. Están en todas partes, y salen a nuestro encuentro cuando más las necesitamos, aunque no seamos conscientes de ello. Esto es algo que me pasa muy a menudo. Descubro metáforas y antídotos en todas partes, porque nada de lo humano nos es ajeno, y, de algún modo, todas nuestras preocupaciones son compartidas.

Una de las historias que más me impactó leer hace un tiempo fue la de la ballena de 52 Hz, también llamada *la ballena solitaria*. Ni siquiera se sabe cuántas hay, si es una nueva subespecie o si quizás es una malformación o un híbrido y se trata de una única ballena que surca la inconmensurabilidad del océano en absoluta soledad. No sé si sabes que las ballenas se comunican entre sí emitiendo una frecuencia muy determinada. Eso significa que, cuando una ballena emite esa frecuencia, es "sentida" o "percibida" por todas las que emiten esa misma frecuencia. Normalmente, esa frecuencia es de entre 10 y 20 Hz, por lo que todo lo que es emitido entre esas frecuencias es percibido por otras ballenas, pero no lo que sea emitido por debajo o por encima de esa frecuencia. Por eso las ballenas de 52 Hz, o *la ballena*, no es percibida por las demás. Podemos imaginar un grupo de ballenas navegando en un océano y, aunque nuestra ballena solitaria navegue muy cerca, no será percibida.

Para mí, no ser percibido es la peor de las soledades. Significa estar muy cerca y muy lejos a la vez. Es una forma de ser invisible a pesar de la consistencia y el peso de tu cuerpo, que te conecta con la vida desde una gravedad absoluta e indiscutible, pero que no es percibida por nadie. Es ser un fantasma estando vivo. Es no hacer ruido en un mundo donde todo tiene su sonido y hasta su resonancia. Es gritar el silencio, hacer aspavientos que se pierden sin eco ni retorno.

Siempre me ha resultado curioso que, cuando alguien no nos ve, gritamos. Y que, cuando alguien no nos oye, hacemos aspavientos con los brazos. En definitiva, gritamos para ser vistos y nos rompemos gesticulando para que nos escuchen. Y, muchas veces, ni aun así.

¿Te has sentido alguna vez de este modo? Porque yo sí. Supongo que tener conciencia de la ballena de 52 Hz, también llamada *Whalien* 52, me permitió ver que era exactamente así como me sentía entonces, solitaria en un mar inmenso de improbabilidades o imposibilidades. Rodeada de gente que parecía, frecuentemente, no percibir mis movimientos ni mis ganas. Creo que por eso me impactó tanto conocer la existencia de esta ballena. Lo cierto es que ninguna otra me había obsesionado tanto desde que leí Moby Dick. Pienso mucho en ella, la verdad –aunque creo que es un macho–. Me imagino su navegar solitario y silencioso. No sabemos si busca compañeros de frecuencia o si hemos romantizado su eterna búsqueda, y admito que posiblemente sea así. Quizás pensamos que navega a la deriva explorando la soledad, y a lo mejor está descubriendo su libertad.

Hoy, que vivo rodeada de otras ballenas de 52 Hz, personas con las que puedo compartir mis sonidos, mis ganas, mis retos y mis anhelos, sigo pensando en ella. O en él. En su búsqueda, en su navegar infinito. Y no puedo evitar pensar en las personas que buscan, y en las que encuentran, y especialmente en aquellas que perdieron la esperanza en encontrar. Y es que los seres humanos dependemos radicalmente del amor. Como dice Karen Amstrong, "nuestros cerebros se han desarrollado para ofrecer y necesitar cuidados".

CARTOGRAFIAR EL AMOR

Se ha escrito, recitado, dicho y contado tanto sobre el amor que no parece un territorio inexplorado, pero la realidad es que cada uno de los poetas, los músicos o los filósofos, los antropólogos o los psicólogos que han hablado o escrito del amor lo han hecho desde "su lugar", y ese nunca ha sido el tuyo.

Ellos, los estudiosos del amor, lo hicieron desde sus momentos y sus épocas. Desde su cultura y desde su edad. Tú, aquí y ahora, vives tu propio momento, tu propia época. Seguramente has amado y te han amado *más de lo que los libros dicen que se puede*. Seguramente has vivido cosas que desafían el mundo de la magia y las improbabilidades. Posiblemente tu historia de amor es más redonda que el guion de cualquier película romántica, porque ha sido (es) real, y el guion es ficticio. Lo que otros escriban –escribamos– sobre este tema puede servirte de orientación, pero nunca lo asumas como algo rotundo o definitivo. El amor requiere de una cartografía propia. Los terrenos que habitamos cuando amamos son únicos e intransferibles. Ni siquiera uno mismo ama igual a dos personas distintas ni en dos momentos diferentes de su vida; por eso, reescribe tus rutas, tus retos, tus cimas y tus descubrimientos. Ojalá el amor no deje de sorprenderte jamás y vivas tu *viaje al centro del amor* sin prejuicios ni defensas. No se experimenta igual el amor a los 17, a los 24, a los 33 o a los 45, o a los 56 o en adelante. En cada momento, va cambiando ese estilo afectivo, y la teoría nos invita a creer que cada vez lo hacemos un poco mejor. O así debería ser. No permitas que tus historias anteriores saboteen tu presente. Cada relación te dará la oportunidad de hacerlo mejor.

Y es que, de todos los aprendizajes posibles, y ya hemos dicho que son innumerables, el más importante de todos es el relativo al amor. Ese acontecimiento del que nacemos, por el que vivimos y por el que, en ocasiones, morimos.

Me propongo abordar todo esto en las próximas páginas, porque soy muy consciente de que no todo el mundo nace del amor (ni siquiera tenemos la garantía de nacer desde un deseo), de que no siempre es el motor vital (¿o sí?), aunque sí creo que por amor se muere, pero, sobre todo, sin amor morimos.

Pienso que la mejor terapia que podemos hacer en nuestra vida es el amor. Amor en general: sentir empatía, sentir amabilidad, sentir el compromiso de ponernos en el lugar del otro. No me refiero solamente al amor romántico/sentimental y tener una pareja, un tema que es también muy importante, pero no debería ser el único que nos ocupa aquí. Tener pareja no es, ni mucho menos, la solución a todos los males afectivos. En realidad, nada que tenga que ver con el verbo *tener* es solución a demasiadas cosas. Pero tener pareja es un gran reto personal. La mayor parte de nosotros vamos a tener varias parejas sentimentales a lo largo de nuestra vida. Conozco varias parejas que rondan los cincuenta y siguen juntas desde el instituto, pero son las menos. La mayoría de la gente que conozco ha tenido, al menos, dos o tres parejas importantes en su vida adulta. Me parece conveniente matizar que *importante* no tiene por qué ser sinónimo de *duradera.* Hay noviazgos de un año –o incluso de menos– que nos han marcado tanto como relaciones de décadas. Por esto considero relevante ser capaces de desenvolvernos en los grandes polos de este continuo: el amor y la soledad. Por supuesto, alguien puede pensar que podemos sentirnos solas o solos en pareja, pero, cuando eso sucede, lamento decir que el amor hace tiempo que salió de esa relación.

Los dos grandes momentos en la vida para conocernos a nosotros mismos son, entonces, la soledad y el amor. Ambos son, sin duda, los grandes exámenes de conciencia de nuestra vida para que entendamos dónde estamos con respecto a nuestra capacidad de vincularnos con el otro.

Me resulta muy curioso que dos nombres españoles femeninos sean Dolores y Soledad. Seguro que en algún lugar del mundo existen dos hermanas que se llaman así. Quizás sean las madres de Consuelo y Alegría, otros dos nombres relativamente comunes. Primas a su vez de Generosa, Justa y Prudencia. De todo esto hay mucho en los terrenos del amor, porque en esta cartografía del amor que estamos descubriendo juntos existen desiertos y oasis, castigos y recompensas.

En el viaje del amor, deberemos recorrer desde la soledad hasta la alegría. Poner prudencia y ser muy justos, sin abandonar nunca la capacidad de ser generosos con nuestros compañeros. El dolor, en más de una ocasión, será inevitable, especialmente cuando sintamos que no podemos "acceder" a la persona amada, lo que es, sin duda, uno de los desiertos más difíciles: no poder entrar en aquella persona a la que tan profundamente amaste. Y es que algunas rupturas tardan muchos años en resolverse.

Dejar una relación es muy difícil, y un momento muy doloroso de nuestras vidas. En parte, por todo el ideal proyectado que se desvanece como un castillo de naipes, pero también porque nos devuelve a un estado civil no necesariamente bien valorado, como lo es la soltería, que tanta gente confunde con la soledad. Y la soledad está muy mal calibrada por la sociedad, que, o no la conoce, o la teme, o incluso la idealiza. No obstante, cuando estás solo, tienes una reválida de amor propio: de cómo te ves a ti misma, a ti mismo; de cómo te consideras, o cómo te hablas. En una sociedad que le da tantísimo valor a la pareja –un valor que no es ni sano ni auténtico– tener un espacio para mirarse a uno mismo es tan doloroso como imprescindible.

No obstante, hay una pregunta que me surge muchas veces en consulta: ¿hasta qué punto el sentimiento de soledad no es en realidad un sentimiento de diferencia? ¿Un percibirse diferente? No me refiero a que la soledad nos haga sentirnos diferentes, sino a que es el sentirnos (o sabernos) diferentes lo que hace que nos sintamos solos.

Piénsalo por un momento. Si acaso tú, lector, lectora, estás leyendo este capítulo con especial interés porque es sobre el tema que te toca, porque estamos hablando de tu *lo que no es*. ¿Hasta qué punto te sientes diferente de tu entorno? Creo que tú sabes, mejor que nadie, que, por lo general, se paga muy caro ser diferente.

Pero, en realidad, ¿qué significa ser diferente? ¿Es necesario ser un *outsider* –alguien que vive fuera de la sociedad y la mira desde ahí– para ser diferente? No lo creo. Básicamente porque es muy difícil vivir al margen de la sociedad, pero muy fácil ser distinto a la propia familia, a la propia tribu.

Conozco personas que reivindican mucho la diferencia, la necesidad de salir del bucle al que nos aboca en muchas ocasiones la sociedad; esa famosa carga sobre lo que se espera de nosotros. Parece que siempre *alguien* tiene una opinión muy clara sobre lo que deberíamos estar haciendo y cómo deberíamos estar haciéndolo: cuándo tener hijos, cuándo tener pareja, cuándo comprometernos con una hipoteca o cuándo comprarnos la segunda vivienda en primera línea de mar, por ejemplo, y parece que salir por la tangente se convierte en un acto de rebeldía. Pero para mí esto no es rebeldía, es tomar conciencia de la propia libertad, y el acto más libre que podemos realizar es decidir, pero decidir libremente, desde nuestro centro, sin cargas ni condicionantes. Bueno, puede que efectivamente decidir desde dentro sí sea un acto de rebeldía.

> **El acto más libre que podemos realizar es decidir.**

El ser diferente que nos aboca a la soledad es otra cosa. Es ser esa ballena de 52 Hz que vibra en una frecuencia a la que la mayoría no responde. Es ser de color en un mundo en blanco y negro. Es tener ilusión donde tantos se resignan. Es querer seguir buscando allí donde los demás juegan con lo que encontraron otros. Es pretender asombrarse en un mundo donde sabemos cuál va a ser la meteo dentro de quince días, y es que ya no nos sorprende ni la lluvia. En el ámbito que nos ocupa en este capítulo, ser diferente es ser el impar en una mesa donde todo son parejas. Es decir basta a una relación que te colma de regalos por fuera mientras te vacía por dentro. Es decir adiós a la persona a la que amaste tanto porque has entendido que la sigues amando... desde otro lugar. Y es, en definitiva, darte permiso para ser tú misma, tú mismo.

SOLEDAD NO ES SOLTERÍA

La soledad que deriva de la falta de amor no es la misma que habitamos después de haber amado. Ese instante, ese espacio de soledad que queda después de una ruptura sentimental, es un momento muy importante para ponernos delante del espejo y saber quiénes somos. Siempre digo que debería ser obligatorio vivir en soledad una temporada; también viajar solo. Aprender a tener tiempo con uno mismo. La soltería –que no es lo mismo que la soledad, aunque se confunden con mucha facilidad en esta fase de la vida– se siente muchas veces como una travesía del desierto, y definitivamente no es lo mismo la ausencia que sigue a la presencia que la ausencia que sigue a una ausencia anterior. No es lo mismo estar solos después de estar muchos años en una relación que seguir estando solos después de muchos años de soltería. Quizás suena rebuscado, pero estoy segura de que las personas que estén en esta situación lo entenderán.

Encuentro que el espacio de soledad entre relaciones es imprescindible. Debería ser un luto de obligado cumplimiento, porque es el momento perfecto para mirar hacia dentro, y reubicarnos en las coordenadas espacio-tiempo de nuestra ruta existencial.

Todos deberíamos darnos permiso –y el tiempo necesario– para estar solos después de una relación, pues es allí donde, una vez realizada la travesía del desierto, conectaremos con nuestra fuerza. Es posible que, entre otras muchas razones, evitemos la soledad porque nos pone frente a nuestra debilidad. Cuando más débiles nos sentimos –al estar solos– es en realidad cuando más fuertes estamos, porque no tenemos nada que perder. En cambio, cuando más fuertes nos sentimos –al enamorarnos, por ejemplo– más vulnerables somos.

> **La conexión con el otro es, definitivamente, nuestro talón de Aquiles. La razón de nuestra fuerza, pero también la puerta de la herida.**

Por supuesto, como ya hemos dicho, otro momento en el que nos vamos a conocer mucho es en el contexto de una relación, pues en ella todas nuestras heridas no resueltas con respecto al amor van a resonar. En los conflictos de pareja, lo que despierta el problema, muchas veces, no es lo que está pasando en esa pareja, sino lo que les hace sentir lo que está pasando. Y lo que está pasando es una resonancia de cosas que yo, quizás, no he podido resolver, o no he sabido solucionar. En el contexto de una relación, nuestro cuerpo recuerda todo lo que ha vivido anteriormente.

EL ESPERANTO DEL AMOR

El amor es, por encima de todas las cosas, un lenguaje, un idioma, un código que nos sirve para comunicarnos y que al mismo tiempo es el guardián y el transmisor de una historia. Y, del mismo modo que los idiomas evolucionan, incorporando nuevas palabras mientras se extinguen las que caen en desuso, también el idioma del amor puede reescribirse y reformularse. El amor es un lenguaje que va variando en intensidad, profundidad y tono a lo largo de la vida y de sus experiencias. Definitivamente, existe un idioma del amor. Ese idioma es el tuyo, el mío, pero por encima de todo el nuestro.

Cada vez que nace una relación se crea un nuevo idioma. Palabras anodinas se convierten en símbolos y en signos de una unión que parece definitiva y siempre trascendente. Cada nueva relación construye su microcosmos a partir de un uso particular del lenguaje. En el amor, la palabra más tonta puede convertirse en una contraseña definitiva que únicamente los amantes entienden. En el amor, cualquier palabra –alcachofa, puerta, trampolín, ajuste– adquiere una dimensión trascendente.

Sabemos que el idioma es el vehículo por el que una cultura se transmite. Por eso las rupturas de pareja son tan dolorosas, porque, cuando una pareja se rompe, en realidad se está extinguiendo un mundo entero. Cada vez que un idioma muere –y estoy pensando en sentido literal– desaparece una cultura, una memoria entera se desintegra, y se pierde una identidad. Cada vez que una pareja se desintegra –pienso en la pérdida de un idioma en sentido figurado– se desvanece una ilusión y un mundo proyectado. Y esto es tan triste como cualquier extinción.

Me gusta pensar en que existe un "esperanto del amor". El esperanto es una lengua artificial que no tiene una cultura propia, ni un país, ni siquiera una región. Es decir, que no existen los nativos del esperanto. Es un idioma artificial creado en un despacho, del mismo modo que se creó el morse o el braille, con el fin de crear una lengua en común, aquello que perdimos precisamente mientras construíamos la Torre de Babel. Por eso me gusta pensar en la idea de que exista un idioma del amor comprensible para todos, que todos podamos aprender; pero no es así, y construimos ese idioma en base a nuestras experiencias vitales, desde cómo nos amaron, pero también desde dónde no nos amaron.

Insisto en la idea de que el amor es un lenguaje. Un idioma. Un idioma que, como nuestro idioma materno, cada uno ha aprendido en su casa. Si el amor es un idioma, esto explica que, si viene alguien hablándote del amor y sus variantes en otro idioma diferente al que tú has aprendido, no vas a entender lo que te dice. No vas a saber ni de qué te hablan, ya que no es el idioma que tú has aprendido. Si tú has aprendido el de la agresión en el amor, el idioma de una agresividad verbal, o un amor muy condicional y condicionado (si haces esto te quiero, si te portas bien te quiero, si no, no…), cuando tienes treinta años y alguien te ama incondicionalmente, te colapsas. No sabes de qué te habla. Piensas que hay truco. Es un idioma que no comprendes. Y lo que no se comprende, muchas veces, no se procesa. Si tu idioma en el amor ha sido el de la dificultad, donde todo te ha sido difícil y te ha supuesto esfuerzo, encontrarte con un amor en el que las cosas sean fáciles y simples va a desconcertante un poco.

Siempre he defendido que el amor es fácil, que lo difícil es encontrarlo. En definitiva, cuando lo que está bien te parece que no va bien, es porque tu idioma de origen está muy distorsionado.

Pero qué difícil es a veces aprender un idioma nuevo, y por supuesto hacer espacio a alguien en nuestra vida, y más en estos tiempos donde parece que vivimos a la defensiva y que confiar en el otro es, cuando menos, naif. Los carteles de la autopista dicen *"don't trust in foreigners"* (no confíes en extraños). En el aeropuerto todo es *contactless*. No tienes que tocar el grifo para que salga agua, o el dispensador para que salga jabón. Si pagas con monedas –en lugar de con una tarjeta *contactless*– no se las das al dependiente, sino que las echas en una máquina para no tocarle. Tanta higiene y a este paso no vamos a saber compartir después la piel, nuestro órgano más grande. Un compañero osteópata me decía un día: "A veces la gente lo único que quiere es ser tocada". Y creo que definitivamente hemos llegado ahí. Ya tenemos las redes sociales para ser vistas, o vistos (aunque ese tipo de mirada merecería muchas líneas). Pero ¿y la piel con piel? ¿Dónde queda? No toques, no confíes… son los mensajes que nos deshumanizan. La frase "no confíes en extraños" me duele de pronto y me duele dentro, porque sé que tanto a ti como a mí nos quedan personas importantes a las que conocer, a las que descubrir, a las que leer… y en las que viajar. "No confíes en extraños", nos dicen, pero no podemos olvidar que muy posiblemente un extraño (o extraña) te traerá la llave a lugares que ahora mismo no alcanzas ni a imaginar. Doy fe.

Hay una frase de Bukowski a la que vuelvo muy a menudo. Dice así: "Y cuando nadie te despierta por la mañana, cuando nadie te espera en la noche, y cuando puedes hacer lo que quieras, ¿cómo lo llamas? ¿Libertad o soledad?". Las que somos personas solitarias sabremos reconocer la libertad en todos esos momentos. Siempre digo que me gusta (mucho, creo que demasiado…) llegar a un sitio donde no me espera nadie y que me emociona llegar allí donde me están esperando. Y no es contradictorio. Para mí, la libertad es poder improvisar a cada momento, decidir sobre la marcha y cambiar el rumbo. Y aunque me siento más libre que la mayor parte de las personas que conozco (básicamente porque me siento muy cómoda navegando en las profundidades de la soledad) no soy tan libre como creo, por eso busco el equilibrio. Llevo tal agenda entre semana que, en cuanto tengo ocasión tengo que salir de ahí, y vivir sin reloj, ni citas, ni demasiados planes, sin saber qué haré esa tarde o con quien cenaré mañana, lo cual no es tan fácil como parece, lo hago sin dudarlo. Es cierto que este tipo de libertad dificulta a veces la vida social, soy consciente, y también la vida sentimental –siempre y cuando no convivas con otra ballena de 52 Hz, claro– aunque el maridaje de la libertad con el enamoramiento merecería un libro entero.

> **El amor trata sobre compartir soledades,**
>
> **y no sobre una huida de la soledad.**

Cada día tengo más claro que enamorarse tiene que ver con compartir soledades y con potenciar la absoluta libertad del otro. Ojo, porque en el contexto de la pareja la libertad no es hacer lo que te dé la gana: la libertad es no dejar de ser uno mismo. Quizás si entendiéramos esto, que ser libre es disponer del espacio para ser uno mismo, una misma, nos reconciliaríamos con la libertad, y con el amor. En definitiva, la pareja tiene más que ver con compartir soledades que con salvarme de la soledad.

Enamoramiento rima con nacimiento, y también con escarmiento. La realidad es que al enamorarnos nace, de algún modo, una nueva versión de nosotros que los demás también perciben. En el caso de que no nos haya salido bien en otras ocasiones, es posible que empecemos esta pequeña vida compartida que es una relación algo asustadas o asustados, pero sin duda es una aventura que siempre valdrá la pena.

El amor es un traje a medida, y, como sucede con los trajes a medida, lo que hoy te queda perfecto mañana puede quedarte grande, aunque también puede quedarte muy pequeño, por supuesto.

Ser libre –con o sin pareja– es poder tomar tus propias decisiones sin condicionantes externos. El miedo, el dinero, una madre, nuestro cuerpo, son esas condiciones externas que debemos trascender. Y lo digo con todo el respeto del mundo, porque admito que nadie es tan libre como cree. Yo tampoco, por supuesto. Me ayuda mucho identificar "mis ladrones" de libertad, y en el caso de que ahora tenga que rendirme a ellos –porque son inevitables– lo hago sonriendo, sabiendo que, para bien o para mal, todo pasa. Saber lo que quiero para mí, y especialmente lo que no quiero, es otra forma de libertad.

Enamorarse es una conmoción. Es también una milagrosa improbabilidad. Enamorarse es siempre una oportunidad de autoconocimiento, de crecimiento y hasta de sanación. El amor te llevará a las cimas más altas y los horizontes más inhóspitos. Te llevará más lejos que cualquier terapia porque alumbrará todas tus sombras y arrancará todas tus máscaras, puesto que el amor solo es posible desde nuestro yo más profundo y esencial. Enamorarse despierta y desenamorarse aniquila. Quizás enamorarse no dure para siempre, pero convierte en eternos los momentos compartidos. Enamorarnos nos ancla y a la vez nos hace volar. Es esa imagen tan maravillosa del cuadro de Marc Chagall, *Sobrevolando la ciudad*. Enamorarnos nos pilla por sorpresa (y desenamorarnos a veces también) y nos transforma…, muchas veces para siempre.

Independientemente del tiempo que dure la relación, en todos los vínculos amorosos existe una línea –una frontera– de no retorno. Existe un día, un momento, en el que, ya lleves una semana, unos días o unos meses, te das cuenta de que ya nunca volverás a ser la misma persona, que la influencia de tu amado/amada ha calado tan dentro de ti que, aunque esa persona deje de formar parte de tu vida, tú ya nunca harás (o sentirás) las cosas como antes de conocerla. Por eso enamorarse es una conmoción. Si ha habido amor, nunca saldrás indemne. Hazte un favor: respeta el amor. Y, si ya no estás ahí, suelta y deja ir…, porque eso también es amar.

La pareja es, sin lugar a dudas, un aprendizaje constante. La convivencia requiere mantener intacta la capacidad de anticipar qué es importante para el otro, y no pensar únicamente en lo que es importante para ti. Tú tienes tus necesidades, tus asuntos importantes, esos que sientes (y deseas) que tienen que ser colmados. Y exactamente lo mismo siente la persona que amas.

> **No se trata de dejar de ser tú para ser solícito con tu pareja. Se trata precisamente de no dejar de ser tú para que tu pareja pueda crecer contigo.**

Es necesario recordar aquí que tener pareja es una circunstancia. No es más ni es menos que eso. Por eso no podemos –ni debemos– definirnos desde nuestra circunstancia sentimental. Creo que somos unos seres milagrosamente improbables, demasiado únicos e irrepetibles, como para acabar siendo reducidos a nuestro estado sentimental.

Reconozco que en cierto modo siempre me ha resultado reconfortante volver a eso de "yo soy yo y mis circunstancias", que es lo mismo que decir "tú eres tú y tus circunstancias"; o sea, que cada uno pertenecemos a un mundo único, propio, intransferible. Si lo piensas bien, ni siquiera dos hermanos gemelos tienen las mismas circunstancias al 100 %, porque llega un momento en el que cada uno da rienda suelta a su idiosincrasia.

Soy el resultado del sumatorio de todos los días de mi vida, escribí en una libreta allá en esa otra vida que fue el instituto, porque aunque mi alma es de letras me asomé a las matemáticas de COU para acceder a Psicología en la universidad, y el concepto de sumatorio me fascinó. Esa frase (la de Ortega y Gasset y las circunstancias) es básica en mi trabajo, por eso cada paciente merece una mirada distinta, única y propia, porque dentro de cada uno se desborda una vida, se *descontienen* las ilusiones o los sueños, o bien hay carencia de los mismos. Conviene recordarlo, sí, pero, por encima de todas las cosas, conviene recordar que las circunstancias nos rodean, pero no nos definen. Tener pareja o no. Tener una buena racha o no. Tener más soltura económica o no. Tener un cuerpo u otro. Ser profesor o ser alumno. Ser paciente o terapeuta. Todo esto es una circunstancia y como tal es volátil. Y es ocasional. Y es temporal. A veces accidental. Puede que hasta anecdótica.

Por esto te voy a dar un importante consejo:

No te definas nunca por lo que puede cambiar.

¿Pueden cambiar tu peso, tu estado civil, tu trabajo, tu cuenta bancaria, tu rol profesional? Sí, ¿verdad? Entonces tú no eres eso. Tú eres tú, más allá de lo que sea que estés viviendo hoy. Eres mucho más de lo que tienes. Eres mucho más de lo que te falta, de lo que no es, y tampoco eres lo que tienes. Porque tener, o faltar, son también verbos circunstanciales, y por tanto temporales o incluso accidentales.

> **Eres mucho más que tu circunstancia**
> **porque eres mucho más que una anécdota.**

Somos vasos comunicantes con las personas a las que amamos. Y esto no trata sobre la dependencia emocional, esto va de lo que significa realmente amar. Cuando le digo a mi pareja "tu felicidad es mi felicidad", cuando celebro sus éxitos como propios y siento en lo más profundo sus malos momentos, cuando su ilusión me ilusiona o su cansancio me motiva a tirar para delante por los dos, me estoy confirmando que cuando se trata de AMOR, en mayúsculas, sentimos lo que sienten aquellos a quienes amamos. Y a mí esto me parece maravilloso.

Vivir el amor implica un balance muy sutil entre ser, tener y hacer. El concepto "tener pareja" es peligroso, porque le da demasiada importancia al hecho de tener / poseer. Por otro lado, no podemos dedicarnos al "hacer" sin prestar atención al ser. No podemos perder nuestra esencia, y curiosamente, cuando más fácil nos resulta llegar a ser uno mismo –al *en-amor-arte*–, más fácil nos resulta perdernos en el simplismo del tener. En una pareja no se trata de "hacer" ni de "pensar ser", es más bien *convertirse en*, en la construcción de un nosotros con una narrativa única e irrepetible. Al decir "tener pareja" nos quedamos en la capa más superficial de lo que significa compartir el camino de la vida. Tener pareja es relativamente fácil. Ser con alguien –ser juntos– es una maravillosa improbabilidad que debería ser valorada como tal.

La fragilidad de las relaciones de hoy es la misma que la de un lago helado. Hace unos años tuve una experiencia hipnótica sobre un lago helado. Los inviernos en Nueva York son muy fríos, y aquel año, hace ya mucho tiempo, el frío había helado el estanque de Central Park. Recuerdo que sentí una tentación irremediable de pisar aquel suelo helado. Sabía que podía resquebrajarse en cualquier momento, pero al mismo tiempo sentí que tenía que pisarlo, avanzar por él para ver hasta dónde me sentía segura de llegar. Supongo que mi inconsciente me estaba queriendo decir algo. Sabemos que hay lagos helados que sostienen con fuerza cualquier cosa que se desplace por su superficie. Estoy pensando en el lago Baikal helado, en Siberia, que soporta coches y furgonetas. Pero también sabemos que hay superficies heladas más débiles, que no van a soportar ciertas cargas, o ciertos impactos. Eso es lo que sucede con algunas relaciones. Algunas pueden sostener cargas tremendas; otras, en cambio, se fisurarán con el leve peso de un pájaro. Cómo llegar a ser de las primeras es lo que nos interesa.

Me pregunto a menudo en qué momento dejamos de valorar lo improbable de encontrar a un compañero o compañera de vida, y en qué momento mezclamos de forma tan confusa los conceptos de soledad y soltería. Imagino que, como lo normativo es tener pareja, relegamos lo no normativo al espacio de la crítica y el rechazo. Quizás sería conveniente tirar de historia y recordar que el origen del matrimonio (tener pareja) es bastante anterior al mito del amor romántico (enamorarse). En el contexto histórico en el que el matrimonio era un seguro de vida, quedarse soltera era algo bastante peligroso –excepto que se ingresara en una comunidad de mujeres, como un convento o un beguinario[14]–, mientras que quedarse soltero a lo que te condenaba

14 Comunidades femeninas que surgen en la Edad Media, siglo XII, donde mujeres seglares, de diferentes oficios y de diferentes niveles socioeconómicos, vivían en comunidad y se ayudaban entre ellas. Uno de los beguinarios mejor conservados está en Brujas, Bélgica, por si tienes posibilidad de visitarlo.

era a la presumible extinción de tu árbol genealógico. En aquellos tiempos, plantearse una vida en soledad no era un lugar seguro, pero aquellos tiempos fueron *aquellos*, y ahora estamos en *estos*.

Sin duda, prefiero la idea de matrimonio que tiene la alquimia a la idea de matrimonio que tiene la política. En la alquimia, el matrimonio es una unión. La unión de las fuerzas masculino-femenino que culmina en un ser íntegro, completo, finito en sí mismo. Para la política, el matrimonio es una pequeña sociedad con derechos muy concretos y tratos que cumplir.

Por otro lado, ¿no te resulta sospechoso que a los grilletes se les llame esposas? En su primera acepción, esposa es una persona casada. En su cuarta acepción, son la *pareja de manillas unidas entre sí con las que se aprisionan las muñecas de alguien*[15]. Los grilletes, las ataduras, o las ligaduras, son los sinónimos de esposa. También hay un modelo de pulsera llamado esposa, uno que además es bastante incómodo.

El matrimonio no puede ser visto como una atadura. Por supuesto que es una ligazón, una unión que debería ser energética y elegida, y nunca impuesta ni forzada. Debería ser una elección, pero sin duda, esta "coincidencia" de términos da que pensar cuál es el origen real del matrimonio.

Que el matrimonio es un invento civil –o la construcción de una pequeña sociedad– lo tenemos delante de nuestras narices en la evidencia de que su disolución solamente la pueden gestionar los abogados. Si el matrimonio fuera realmente algo emocional o romántico, su final debería estar

---

15   Fuente: RAE. Diccionario de la Lengua Española
de la Real Academia de la Lengua.

orquestado o acompañado por filósofos o psicólogos que nos acompañaran en el duelo afectivo que implica la pérdida de un ser querido, pero no. Cuando te divorcias, sí o sí, necesitas un abogado que te dice lo que toca y lo que no, incluso reescribirá en forma de convenio regulador ese vínculo sagrado con tus hijos, que se ve mediado por la justicia, pero no por la emoción.

Para la alquimia, el matrimonio simboliza la unión de dos fuerzas polares que, en su unión, se hacen más grandes. La conjunción absoluta, una integración indiscutible, la unión sagrada que preside, en muchísimas culturas, la transmisión de la vida.

Quizás debamos recordarlo no sólo cuando una relación acaba, sino, especialmente, cuando empieza. Pero ¿por qué es tan importante el principio de una relación? Porque, de algún modo, los principios de una relación esconden potenciales causas de un final, si es que éste sucede. Los finales de una relación dan mucha información sobre los principios. Aunque suene inverosímil, las razones por las que nos enamoramos de alguien son las mismas por las que más adelante nos desenamoramos. Léelo las veces que lo necesites; intento explicarme. Es muy posible que cuando nos enamoramos de alguien por su sociabilidad, el "me encanta que siempre esté pendiente de sus amigos", se convierta en "prioriza a los demás antes que a mí". Que ese "es fascinante la responsabilidad con la que se toma su trabajo" se convierta en un "es que es adicta/o al trabajo". Que ese "me encanta cómo trata a su madre" se convierta en "la relación que tiene con su madre es enfermiza". Y podríamos seguir. Quizás puedas tratar de hacer este ejercicio si has cruzado hace poco la frontera del desamor.

Por otro lado, el principio de una relación da mucha información también sobre cómo nos vemos a nosotros mismos. Existe una creencia, bastante compartida, de que nos enamoramos de aquellas personas que tienen en sí aquello de lo que nosotros carecemos. Esta es una creencia algo tramposa, porque implica asumir que siempre nos falta algo. Supongo que es una herencia muy profunda de lo que Platón plasmó en *El banquete* acerca de que los dioses nos separaron por envidia y que por eso nos buscamos desde entonces.

En *El banquete*, un grupo de amigos habla sobre el amor y la necesidad de reconocerlo como un dios, "sobre todo, por su ancianidad, porque es el más anciano de los dioses. La prueba es que no tiene ni padre ni madre".[16] En *El banquete*, Aristófanes habla de la verdadera naturaleza del amor, y de por qué es tan necesario en nuestras vidas. Aristófanes insiste en "que nadie se ponga en guerra con el Amor, porque ponerse en guerra con él es atraerse el odio de los dioses".

En el origen de los tiempos, los hombres y las mujeres no éramos como somos ahora. Existían tres sexos: hombres, mujeres y andróginos. Nuestra forma era muy diferente, porque éramos seres con cuatro brazos, cuatro piernas y dos orejas en una sola cabeza. Éramos siameses de nosotros mismos. Andábamos rectos, pero si queríamos andar deprisa éramos capaces de deslizarnos sobre nuestros ocho miembros, moviéndonos en círculo. Es una imagen muy perturbadora, pero necesaria para comprender cómo entendemos hoy en día la pareja. Esta *completitud* nos convertía en seres muy fuertes. Tanto, que Zeus, dios de dioses, temía nuestro poder. Quién sabe si lo que tenía era envidia de nuestra plenitud; pero encontró la manera de disminuir nuestras fuerzas: separándonos.

---

16 *El banquete*, Platón. Ediciones Gredos.

Así, además de debilitarnos, nos duplicaba en número para poder servirle mejor. Zeus nos separó, y Apolo, su hijo, se encargó de sanar la herida por la que su padre nos había partido en dos, y así surgió nuestro ombligo.

Nuestra vulnerabilidad, entonces, tiene su origen en ese sentirnos incompletos, y desde entonces cada mitad hace esfuerzos para encontrar la otra mitad de la que fue, ya no separada, sino amputada. Según este mito, nuestra esencia es la unidad, y por eso buscamos a nuestra mitad. Pero, en toda esta "catástrofe", Zeus tuvo piedad, y cambió de lugar nuestros órganos sexuales para que cuando nos reencontráramos pudiéramos unirlos, y así, entonces, el orgasmo es la memoria del reencuentro.

Esta idea del amor es muy limitada porque nos define como seres incompletos. Aunque soy de letras, creo que debemos explicar esto desde las matemáticas. Debemos trascender la idea heredada –y el miedo a los dioses– de que somos seres incompletos en busca de su otra mitad. Definitivamente, la suma de dos mitades da como total la unidad ($0,5 + 0,5 = 1$), pero también, definitivamente, multiplicar una unidad por otra unidad mantiene la unidad ($1 \times 1 = 1$) y diría que es necesario llegar al amor desde la plenitud de una completa versión (1) y no desde la idea de una mitad ($0,5$) que busca *lo que le falta*.

> **La realidad es que no nos enamoramos de lo que nos falta: nos enamoramos de aquello que late dentro de nosotros y a lo que todavía no hemos podido darle rienda suelta.**

Nos enamoramos de lo que reconocemos. No podríamos fascinarnos ni reconocer algo que no estuviera previamente larvado en nuestro interior. Por eso, el *en-amor-a-miento* no es "por nombre del amor miento", sino un "en nombre del amor, recuerdo": recuerdo quién soy en latencia, y percibo mi potencia. Posiblemente, por eso el amor es tan adictivo, porque, además de todo el desembolso hormonal desatado, quién va a ser capaz de resistirse a la mejor versión de sí mismo, de sí misma.

¿Estoy diciendo que solamente alcanzaremos nuestra mejor versión si estamos en pareja? No. Nuestra mejor versión es nuestra gran obra, nuestra necesaria creación, pero será al vernos en el otro –el amor es ad-mirar, *mirar hacia, mirar en la distancia*– cuando podamos darle una consistencia a lo que somos. Porque no hay yo sin tú, y esto no sólo es lingüística, es certeza.

Separarse –cuando es nuestra decisión y no la de Zeus– es, en definitiva, un acto de amor. Pero no necesariamente un acto de amor propio –que por supuesto lo es– sino una materialización de amor al otro. Es muy importante respetar el cauce natural de las cosas, pero también de los vínculos.

EN BUSCA DE UNA EPIGENÉTICA AFECTIVA

El divorcio debería ser visto como una evolución del matrimonio, y no como un fracaso. Del mismo modo, deberíamos normalizar el mantener buenas relaciones con nuestras exparejas. Sé muy bien lo que estoy escribiendo, y lo difícil que es en la mayoría de los casos, cuando se ha recorrido el desierto del desamor, del amor deshecho y derretido. Al fin y al cabo, si una pareja se rompe es por alguna razón, o bien porque *sobra* alguien, o quizás porque *falta* algo, pero creo firmemente que recordar a nuestras exparejas importantes con cariño es, sin duda, una muestra de respeto hacia nosotros mismos. Después de todo, un día estuvimos enamorados de esa persona; al fin y al cabo, un día lo dejamos todo para apostar por esa relación, y siempre queda algo de nosotros en las personas a las que amamos y que nos amaron.

Soy plenamente consciente de que este último párrafo es más ideal que teórico, y que en muchas ocasiones, para llegar a ese momento, a este estado de calma empática, es necesario que pase mucho mucho tiempo entre la ruptura y la reubicación en el sistema. Sé perfectamente que, en la vida real, conseguir este equilibrio es muy difícil, porque no depende de uno mismo, pero confío en que debería ser el destino al que todos deberíamos aspirar después de una ruptura.

Hace muchos años, cuando realizaba mi tesina para la obtención de la suficiencia investigadora y el diploma de estudios avanzados del doctorado en Psicología Clínica y de la Salud que estaba cursando, elegí un tema que, a largo plazo, me resultaría muy útil en lo profesional y en lo personal. Ya sabemos que nada relativo a la psicología nos es ajeno. El tema de estudio eran los efectos a largo plazo del divorcio. Defendí la tesina ante un tribunal el mismo día en el que las Torres Gemelas fueron derrumbadas. Mientras el mundo occidental se reseteaba en cierto modo, una joven estudiante de doctorado trataba de levantar otras torres derruidas: cómo hacer del divorcio algo constructivo. Cómo conseguir que una pareja destruida no fuera una familia rota. Cómo explicar que lo peor que le puede pasar a una familia no es el divorcio, sino mantenerse juntos desde la desconexión.

Efectivamente, una de las conclusiones del estudio fue que los hijos de divorciados se divorciaban en mayor frecuencia que los hijos de no divorciados, pero no desde el lugar que la sociedad nos quería hacer creer (parte de mi objetivo con la tesina era desmitificar los "graves" efectos del divorcio que lo hacían tan difícil y polémico en nuestro país hace no tantos años); es decir, no se separaban más porque no supieran amar, sino porque como hijos de divorciados habían aprendido que había vida después del divorcio. Que, en definitiva, divorciarse era una liberación, o, como decíamos más adelante, una posible evolución del matrimonio. Lo peligroso, parecía demostrar la revisión, era la transmisión de la inestabilidad/estabilidad matrimonial. Es decir, no se hereda el divorcio. Se hereda la forma de tratarse, de respetarse y de amarse. Si una pareja que no se ama sigue junta, está condenando a sus hijos a que no puedan "liberarse" y a que, si lo hacen, sientan que han fracasado. No.

El "éxito" es poder decir adiós a una relación que te intoxica.

El fracaso es mantenerte en una relación que te envenena.

Lo que se hereda es, entonces, el "color" del vínculo. De una pareja que se lleve bien, los hijos heredarán el respeto y la asertividad. De una pareja que se lleve mal –juntos o separados–, los hijos heredarán los silencios, un vínculo defensivo, y serán aprendices del reproche. La estabilidad o inestabilidad matrimonial puede heredarse entonces, del mismo modo que puede heredarse la altura o la tendencia a ciertas enfermedades dentro del seno familiar.

Me gusta pensar que existe una *epigenética afectiva*. La epigenética es la evidencia de que nuestro destino no está determinado por nuestros genes, y que las cosas que hagamos con y por nosotros pueden llegar a redefinirlos. En realidad, la epigenética no cambia nuestro ADN, pero sí potencia qué genes pueden activarse más fácilmente y cuáles no. Entonces, la *epigenética afectiva* para mí sería el efecto que nuestra historia personal, el amor recibido (o no) en nuestra infancia, puede tener en la expresión de nuestros vínculos y de nuestra forma de amar futura. Recordemos en este punto que el amor es un idioma. Un idioma no se hereda, se aprende. Lo mismo pasa con el amor. Así, del mismo modo que podemos reaprender un idioma y podemos ampliar las palabras que conocemos, podemos estudiar –y aprender– una mejor manera de expresar lo que sentimos, y amar sin miedos.

La capacidad de amar requiere de un trabajo personal previo, de una toma de conciencia sobre las propias heridas, porque eso es lo que nos permitirá matizar nuestras reacciones (conviene recordar que, cuando respondemos desproporcionadamente a algo, en la gran mayoría de las situaciones no estamos respondiendo únicamente a lo que está pasando, respondemos a lo que nos está recordando). Esta toma de conciencia nos permite, además, recordar que el otro también tiene heridas, y que quizás mi rol, o mi papel, no es curarlas, sino tratar de protegerlas y no abrir la cicatriz.

No obstante, existe el miedo al amor. Mucha gente se pregunta cómo puede ser que se le tenga miedo a lo bueno cuando en teoría es lo que vivimos buscando. Quizás lo honesto sea reconocer que a lo malo se le tiene miedo y que a lo bueno se le tiene vértigo…, porque la vida puede cambiar ante lo bueno casi tanto como cambia ante lo malo. Quizás la envidia a los que aman –Zeus incluido– sea una defensa de aquello que temo, a la vulnerabilidad que implica amar, pero también el vértigo a mi versión completa.

Es verdad que enamorarse es una conmoción, una absoluta improbabilidad, y por eso merece la pena estar preparados y plantarnos en nuestra próxima –o en nuestra propia– historia de amor con el trabajo hecho, con ganas y con fuerza, sin miedos ni defensas obsoletas. Encontrar a algunas personas es el equivalente a la sorpresa de encontrarte ababoles en la nieve o encontrar un unicornio paseando por un bosque.

Sin duda, conocer a algunas personas es resolver la soledad de la ballena de 52 Hz, y eso es un milagro que llega siempre por sorpresa. A veces solamente tienes que abrir una puerta.

CUANDO LO QUE NO ES, ES LA VERDAD: LA MENTIRA

"Nuestras mentiras revelan tanto sobre nosotros
como nuestras verdades"

J.M COETZEE

Si te pregunto "¿tú mientes?" posiblemente me digas que no, y además lo hagas convencida, o convencido, porque, en tu cabeza, es verdad que no mientes. O puede que en un acto de honestidad brutal digas "bueno, a veces digo *mentirijillas*", como si el diminutivo de la palabra *mentira* disminuyera también su carga, o incluso su efecto.

Es muy posible, incluso, que nunca te hayas detenido a pensar cuánto de mentira y cuánto de verdad hay en tu vida, ya que no es una cuestión que nos hagamos habitualmente. El problema es que damos por hecho la verdad y no le sostenemos la mirada a la mentira, y tan peligroso es dar por hecho como ignorar lo que tenemos delante.

Ya hemos dicho en la introducción que la vida no se reduce a una dicotomía –afortunadamente–, y, de nuevo, es posible que entre la verdad y la mentira exista un continuo en el que en ocasiones, y posiblemente con la mejor intención, nos vamos ubicando todos. Pero me temo que todos mentimos alguna vez, aunque sea para salir del paso; puede que lo hagamos para no hacerle daño a alguien, para cubrirnos las espaldas o, simplemente, para dar una mejor imagen de nosotros mismos. Lo que no puedo evitar preguntarme es qué pasaría si supiéramos que no nos van "a pillar", que nuestra mentira no va a salir a la luz jamás. Entonces, ¿mentirías? ¿Has dicho que no? Sería interesante verte en situación.

EL ESPEJISMO DE LA INVISIBILIDAD

Voy a contarte una historia. Una historia que igual conoces, o que quizás te suene, porque ha inspirado una de las sagas fantásticas más famosas de nuestra cultura: voy a contarte la historia de Giges y su anillo[17.]

Giges era un pastor, en tiempos del rey de Lidia, que una noche de tormenta y terremoto cayó por una de las grietas que se abrieron en el suelo. Allí, fue a dar con unas viejas ruinas; en concreto, las de un viejo caballero momificado solemne, todavía encima de la armadura hueca de su caballo. El caballero llevaba un anillo que llamó poderosamente la atención de nuestro pastor. Giges cogió el anillo y subió a la superficie, salvando su vida, pero sin imaginar todo lo que vendría a continuación.

Muy pronto se dio cuenta de que, cada vez que volteaba el anillo en su dedo, desaparecía de la vista de los demás pastores, que continuaban hablando como si él no estuviera delante, aunque, efectivamente, ahí estaba. Giges acababa de descubrir el efecto de la magia y entendió el gran poder que puede llegar a darnos la invisibilidad, así que trazó un

---

17 La historia aparece en el Libro II de *La República* de Platón

plan. Invisible, se coló en el palacio real, conquistó a la reina y mató al rey; encontró la manera de usurparle la corona.

En el libro de Platón, Glaucón le plantea un dilema a Sócrates, el de que, en realidad, no existen hombres justos o injustos, puesto que todos somos susceptibles de ser corrompidos si se nos presentara la ocasión. "Nadie es justo de grado, sino por fuerza", dice Glaucón.

> **Parece que no somos legales o buenas personas por naturaleza, sino porque no nos queda otro remedio.**

Incluso añade: "Si hubiese quien, estando dotado de semejante talismán, se negara a cometer jamás injusticia y a poner mano en los bienes ajenos, le tendrían, observando su conducta, por el ser más miserable y estúpido del mundo". Con otras palabras: si habiendo alguien que pudiendo engañar y lucrarse no lo hiciera, pensaríamos que es tonto. Uf. Deprime un poco pensar así, ¿verdad? Pero piénsalo por un momento: si supieras que no te van a pillar, que nadie lo va a saber, ¿lo harías?, ¿robarías, cogerías algo que no es tuyo, escucharías conversaciones que no deberías escuchar, etc.? Parece que la mayoría de personas, si supieran que nadie va a conocer su "delito", lo cometerían.

Sin embargo, Sócrates da un poco de esperanza. Plantea que, si damos el anillo a una persona justa y a una injusta, y al saberse invisibles las dos actúan injustamente, entonces es que la primera no era una persona justa. La persona justa es la que sigue comportándose con justicia aunque lleve el anillo, aunque nadie la vea. Es la que no calcula cuánto puede ganar dañando a otros, porque valora la justicia por sí misma, y porque aprecia a los demás. ¿Existen personas así? Quiero creer que sí. Pero, de todos modos, la idea de que la única barrera entre una persona justa y una injusta, sincera o mentirosa, sea la invisibilidad y el anonimato es bastante perturbadora.

Con respecto a la invisibilidad puede que no tengamos demasiada experiencia, pero, tal y como funcionan las redes sociales (campo muy fructífero en mentiras, por cierto), hemos aprendido unas cuantas cosas con respecto al anonimato, que es un subtipo de invisibilidad, y no son demasiado buenas ni agradables.

Conozco mucha gente que, cuando le preguntas qué superpoder le gustaría tener, te responde que la invisibilidad. El *don* de la invisibilidad. Lo escribo en cursiva porque no me queda nada claro que el no ser visto sea un don. El superpoder radica en poder ver sin ser visto. La invisibilidad permite la invasión de la intimidad del otro. Por eso quizás el poder no sea no ser visto, sino penetrar en la intimidad del otro sin ser visto. La próxima vez que alguien te diga que le encantaría ese superpoder, pregúntale: "¿Y exactamente para qué?".

La invisibilidad es el anonimato absoluto, y el anonimato es el traje de luces de los *haters*, que tanto proliferan actualmente en las redes sociales. Creo que su tasa disminuiría drásticamente si los perfiles anónimos en tales redes estuvieran prohibidos, y para tener *cualquier* perfil en *cualquier* red social todos tuviéramos que estar registrados oficialmente de algún modo. Ese concepto, *hater*, que en castellano traduciríamos por "odiador" (el que odia) sostiene niveles de agresión que serían insostenibles a rostro descubierto. El anonimato implica invisibilidad y ofrece una cierta inmunidad al que se siente anónimo para actuar maliciosamente, de forma proporcional a los niveles de ira y rabia, y puede que hasta de envidia, del que odia, del *odiador*, del *hater*.

Sin ninguna duda, ocultar es una forma de mentir, por lo que ocultarse a propósito –tras otro nombre, otro rostro, un avatar– es vivir en la mentira más rotunda.

DESENMASCARANDO LA MENTIRA

No es lo mismo mentir que engañar. Y no es lo mismo mentir para conseguir algo que para esconderlo. Tampoco es lo mismo mentir para ocultarte que mentir para mostrar un rostro de ti que no existe.

La Real Academia de la Lengua define mentir como "decir o manifestar lo contrario de lo que se sabe, cree o piensa". Y esto implica una clara intención. Digamos que no se miente "sin querer", porque para decir lo contrario de lo que se piensa se debe saber bien lo que se piensa.

En su segunda acepción, implica "inducir a error", lo que también comporta una cierta intención de manipulación. Mentir es también fingir o aparentar. Por eso vuelvo a preguntar: ¿tú mientes? Quizás la pregunta debería ser: ¿quién no miente en estos tiempos de exposición? ¿Quién no ha fingido estar bien en una foto en Instagram cuando por dentro estaba roto? ¿Quién no ha pretendido aparentar estar en un lugar desierto cuando, al otro lado, estaba atiborrado de gente?

Personalmente, prefiero no publicar antes que fingir o aparentar, porque me desgasta innecesariamente. Pero tampoco publico cuando estoy extremadamente feliz o pletórica, ni cuando estoy floja o desesperanzada. Lo que pretendo con estas palabras es asumir que fingir, aparentar o incluso inducir a error sobre nuestros estados de ánimo –hay quien induce a error con respecto a su estado sentimental– está bastante más cerca en nuestro día a día de lo que posiblemente nos gustaría reconocer.

La mentira forma parte de la historia de nuestra humanidad. No es exagerado pensar que muy posiblemente estamos vivos porque nuestros antepasados mintieron, y no dudo que haya funcionado a favor de la supervivencia a lo largo de los años y de los siglos. Quizás alguno de ellos fingió su muerte en una guerra y por eso estamos ahora aquí, o fingió ser quien no era para librarse de alguna penitencia. Cualquiera de estas dos opciones nos da una pista de la fuerza que tienen las consecuencias de las mentiras, que se ramifican con principio pero sin final.

Es lógico pensar entonces que para mentir se requiere de cierta capacidad cognitiva, pero utilizar esta capacidad cognitiva para explicar la mentira es un error, pues los niños no quedan exentos; de hecho, mienten todo lo que pueden. Los estudios demuestran que son muy propensos a mentir, especialmente si se les ha mentido antes. También son propensos los animales. Tenemos innumerables ejemplos que cómo se presenta el engaño, la simulación e incluso la mentira en animales y plantas. Es algo realmente sorprendente. Algunos animales se hacen los muertos para sobrevivir, otros se mimetizan con el entorno de manera exacta, o emiten sonidos propios de otros animales para despistar a sus depredadores, y podríamos seguir. Esto nos confirma que, por mucho que nos moleste, mentir está vinculado a nuestra supervivencia. Lo que sucede es que, en un momento en el que nuestra supervivencia está más que garantizada, mentir ya no es adaptativo.

Existen mentiras piadosas y mentiras intencionadas. Hacia las primeras solemos tener más tolerancia que hacia las segundas, y lo cierto es que ambos tipos de mentiras nacen de dos lugares diferentes: unas nacen desde la protección al otro y las segundas desde la protección a uno mismo, lo que, a la larga, no suele funcionar.

> **Mentir, que parece un acto egoísta,
> no lo es tanto, porque paradójicamente
> implica tener en cuenta al otro.**

Cuando mentimos, es imprescindible pensar en otra persona. En qué sabe, qué no sabe, hasta dónde puede llegar a entender, y en algunos casos anticipar cómo puede llegar a sentirse si no le miento, ya que el mentiroso no suele plantearse cómo se sentirá su interlocutor si se entera de que no le están diciendo la verdad. Esto es paradójico, porque asumimos que cuando nos mienten nos están haciendo daño. Pero piensa por un momento las razones por las que tú has mentido recientemente, y es que, en ocasiones, alguien puede mentirnos precisamente para evitarnos un daño. Como hemos dicho, las mentiras piadosas intentan protegernos, pero sigue siendo una mentira que no elegimos. Deberíamos ser libres de decidir si queremos asumir la verdad, por muy dolorosa que esta sea a veces.

AGRADAR DESAGRADANDO

Hace unos años estuve colaborando en la Agencia Antidopaje de España, la institución que vela por un deporte limpio y a la vez por la salud de los propios deportistas, puesto que el abuso de sustancias, aunque sea en pro del rendimiento, implica importantes y severos riesgos para la salud. Mi cometido era formar y divulgar sobre la idiosincrasia del dopaje, una gran mentira. "La gran mentira", en realidad, porque el dopaje te lleva a vivir una vida que no te corresponde, al mismo tiempo que impide que otras personas puedan acceder a la que sí les correspondería. Regala al dopado una vida falsa que asimismo impide que otros accedan a lo que les espera, o les esperaba. Estoy pensando en todos aquellos deportistas "limpios" que no pudieron ser seleccionados para un gran campeonato porque alguien "sucio" (en el argot deportivo, dopado) les quitó la plaza de selección. Una plaza perdida a largo plazo; la posibilidad de una vida nueva desperdiciada para siempre. Pienso en todas las ceremonias de entrega de medallas robadas, puesto que no es comparable recibir una medalla olímpica en el propio estadio el día de la competición que hacerlo en un despacho impersonal varios años después. Por mucho que la justicia trate de reestablecer, una medalla entregada en un despacho no es lo mismo. En este punto me pregunto.

¿Cuánta vida nos roban las mentiras?

En mi experiencia como psicóloga del deporte, me he encontrado con varias personas que en un momento dado "desaparecieron por la puerta pequeña", lo que es una manera amable de decir que dieron positivo por dopaje. Con algunas de ellas me permití la licencia de preguntarles directamente "¿tú te dopas?". Nunca, nadie, a pesar del vínculo que habíamos establecido o del amparo en el secreto profesional, me dijo "sí", o reconoció que había estado tentado o cerca de hacerlo. De hecho, fue al contrario. La mayoría de estos deportistas se ofendieron por *haber dudado de ellos a pesar de conocerlos tanto* (palabras textuales). He de reconocer que en algunos casos –pienso en dos muy concretos– me sentí realmente mal por haber hecho la pregunta, pero, una vez más, mi intuición estaba en lo cierto. Me enteré más tarde, por la prensa o por los *diles y diretes*, que siempre se alimentan de una parte de la verdad. La mentira tiene las patas muy cortas, aunque seas atleta de élite.

Esta es una peculiaridad del mentiroso, de la mentirosa: no reconocer nunca la mentira, a pesar de la evidencia indiscutible, o de la certeza inevitable.

Ahí tenemos los casos de Jean Claude Romand, tan bien retratado por Emmanuel Carrère en El adversario. O Enric Marco, descrito en una novela por Javier Cercas y recientemente llevado al cine. O aquella ciudadana de Barcelona que se presentó al mundo como superviviente de los infames atentados del 11 de septiembre de 2001, llegando a ser presidenta de la Red de Supervivientes (en su caso, ni siquiera estaba en Nueva York, ni en EE. UU, cuando sucedió el atentado). Estos tres casos –sin duda de los más famosos, pero no los únicos, hay muchísimos– tienen una cosa en común: el pulso hasta el final por sostener una evidencia imposible de mantener. La forma de defender lo indefendible. No podemos llegar a imaginar hasta dónde es capaz de llegar un mentiroso por sostener su engaño. Romand, por ejemplo, fue capaz de asesinar a sangre fría a toda su familia: a su mujer, a sus hijos y a sus padres[18]. También asesinó a su perro. Solamente salvó a su amante. Otra mentira dentro de la gran mentira que era su vida.

Hay muchísimos casos conocidos sobre mentiras patológicas, pero hay muchísimos más casos anónimos de personas que intentan salir de su vida por el camino más corto, y también el más doloroso de todos: la mentira.

Hemos visto que hay quien miente con palabras –impostores– y hay quien lo hace con imágenes– en una red social.

18 Mientras lees estas líneas, debes saber que Jean Claude Romand ya está en libertad, aunque fuera condenado a cadena perpetua en 1996. El séxtuple asesinato fue en 1993.

Hay quien miente con un fin. Y también hay quien miente desde una desesperada búsqueda de un comienzo. Y todas estas mentiras son humanas.

Todos estamos más cerca de mentir de lo que nos gustaría reconocer. O ¿siempre que te han devuelto mal el cambio lo has dicho? O ¿siempre que se han equivocado al cobrarte de menos en una prenda lo has comunicado? Hay evidencias que demuestran que, si tenemos la certeza de que nadie nos va a pillar, todos lo haríamos. Quizás en el fondo no somos tan justos.

Como psicóloga, la mentira me preocupa, si bien puedo entender cómo llegamos a ella. En realidad, todos nos contamos cuentos, y tendemos a creernos lo que nos contamos. Somos maestros del autoengaño, y encontramos siempre la manera de confirmar aquello que queremos creer. El mentiroso, muchas veces, aunque no en todos los casos, se engaña a sí mismo sin poder evitarlo, y sin siquiera ser consciente de ello.

Pero no vamos a ser condescendientes, porque, aunque hay muchas personas que no son conscientes de su autoengaño, otras saben perfectamente lo que están haciendo. Romand, Marco, entre tantísimos otros, lo sabían perfectamente. La personal infiel sabe lo que está haciendo –aunque quizás lo que no tenga tan claro sea por qué–. La dependienta que roba en la tienda en la que trabaja también lo sabe. El joven universitario que habla a sus padres de un aprobado donde hubo un suspenso... Todos saben lo que hacen.

La baja autoestima, la inseguridad, la necesidad de atención, nos abocan a la mentira a veces casi sin darnos cuenta. Suena extraño, pero, en muchos casos, a la cadena de mentiras se llega "por casualidad". Un día hay un malentendido, alguien asume algo de ti que no es cierto, pero que te hace quedar en buen lugar, no lo niegas, y… ya está el escenario conformado. Volver atrás a veces resulta más difícil que continuar con la mentira.

> **No todas las mentiras implican intención, pero sí implican mostrar una imagen de nosotros mismos que no es fiel a la realidad.**

Las mentiras intencionadas pueden estar detrás de muchas patologías, y no es que no me preocupen, pero me interesan más las que nacen de la falta de autoestima y de la necesidad de atención. Por supuesto que me interesan los mitómanos. Qué palabra tan "bonita" (para alguien como yo a la que le gusta tanto la mitología es un desperdicio), y a la vez cuánto dolor y sufrimiento engloba. Se llama así al que miente de forma patológica. El mitómano utiliza su imaginación de forma desproporcionada para crear nuevas mentiras, de tal modo que parece que viviera en un mundo lleno de falsas ilusiones.

La mitomanía es un trastorno psicopatológico de severas consecuencias, ya que a menudo acumula una gran agresividad que no ha podido ni puede ser canalizada, y resolverla implicaría reconocer el castillo de naipes existencial. En cambio, el autoengaño, más sutil, más silencioso, más camuflado en el día a día, provoca un sufrimiento lento, pero muy profundo.

La cuestión es que nos mentimos a nosotros mismos mucho más de lo que imaginamos. El autoengaño es nuestro principal punto ciego. Nos engañamos con el estado de nuestra relación. Nos podemos llegar a engañar con cómo son realmente nuestros hijos, no queriendo ver o reconocer conductas que son gritos silentes de ayuda. También con el estado de nuestro cuerpo, así como con las evidencias que pronto nos van a atropellar, como el deterioro de nuestros padres, o el nuestro propio. El autoengaño demuestra la capacidad que tenemos los seres humanos para transformar –¿o deformar?– la realidad. Me pregunto por qué no somos capaces de usar ese poder a nuestro favor.

Pero ¿de dónde venimos para necesitar ser vistos a toda costa? ¿Qué nos ha pasado para preferir *ser otros* antes que aceptar quiénes somos? ¿Para preferir no vernos antes que reconocernos?

> **El uso indiscriminado de la mentira para tratar de agradar a otros es una muy mala idea a medio plazo e insostenible a largo plazo.**

¿CONTAR CUENTOS ES MENTIR?

Hemos dicho que la palabra mitómano designa al mentiroso patológico. ¿Significa eso que la mitología, las leyendas, las películas… son mentira? ¿Mentimos a nuestros hijos cuando les hablamos de los Reyes Magos o del Ratoncito Pérez? Soy consciente de que es un debate que se reactiva varias veces al año, especialmente cuando todos estos míticos personajes *entran en acción*, pero creo que se resolvería rápido si entendiéramos que las leyendas y los mitos son una ficción, nunca una mentira. Acompañar a nuestros hijos en la leyenda, en la magia y lo intangible es una semilla que llevarán siempre consigo y que no es incompatible con el desarrollo de su mentalidad racional y lógica. Tampoco creo que sea traumático para ellos "descubrir" –a su debido tiempo– que los padres andan detrás de estos personajes espléndidos.

La mentira nace con una intención consciente de engañar, y a partir de ahí manipular a la otra persona, mientras que los mitos y las leyendas, al ser una ficción, no pretenden ser reales. Son las guardianas de una historia. Cuando ves una película, ¿sientes que te están engañando o te dejas arrastrar por la ficción? Posiblemente lo segundo.

Hablando de películas, siempre me ha hecho mucha gracia esa expresión "vida de película". Decimos que "una vida es de película" porque es magnificente…, excelsa y genial. Imagino que porque así es como nos sentimos cuando entramos a un buen cine, o porque así debieron sentirse los primeros espectadores en los albores de la cinematografía. Observo que, por lo general, usamos esa expresión para referirnos a las vidas de los otros (que parecen siempre mejor de lo que son…) obviando que nosotros somos "los otros" para los otros, por lo que, para ellos, es nuestra vida la que es de película.

Yo, igual que tú, he vivido a lo largo de mi existencia algunos de esos momentos "de película". De hecho, tengo tantos que creo que podría llenar varios diarios de lo extraordinario[19] con ellos. Mi vida a veces es una comedia romántica (apasionada y entretenida, además…). Otras veces es algo trágica. He tenido momentos de película de terror, y, por supuesto, de aventuras. Incluso los he tenido de ciencia ficción y hasta de distopía. Si me pongo muy seria soy de ensayo. Y cuando preparo un curso soy un documental. Le doy muchísima importancia a la BSO, y

---

19 Los Diarios de lo Extraordinario son una propuesta práctica que presenté en mi anterior libro, consistente en el registro diario de lo extraordinario de cada día. El propósito no es otro que reaprender a mirar lo que nos rodea.

no te digo a la fotografía, porque creo que esto es lo que hace que una película sea buena, o sublime. Para algunos soy una película de serie B, y para otros seguramente seré *infumable*. Para los que me quieren soy un clásico. Mi vida es "de película", exactamente como la tuya. ¿Qué tipo de película eres tú hoy? Además de "de autor", que de eso somos siempre, con nuestra propia energía y nuestra firma... Y, por cierto, la pregunta más importante: ¿te gusta tu película? ¿Qué cambiarías del guion? ¿Sabías que puedes reescribirlo?

La mentira nos está gritando un "gírate y mírame". La ausencia de la verdad es un indicador de consistencia personal. No es buena idea sostener el autoengaño, porque más tarde que temprano tendrás que mirar de frente aquello que quieres ignorar, pero que está aquí, delante de tus ojos. No hacerlo te condenará a no tomar acción. Llenará tu existencia de un gran asunto pendiente por el que acabarás culpando a los demás, antes de reconocer que el guardián de las llaves eres tú misma, tú mismo. Nadie podrá hacer esto por ti. Evitar la realidad te confronta con el vacío y la deuda, y creo que mereces salir de ahí.

> **Sólo si afrontas lo que evitas**
> **entenderás por qué lo evitas.**

Los asuntos pendientes nos sientan bastante mal en general. No estamos preparados para sostener lo pendiente demasiado tiempo, pero lo pendiente se convierte en urgente cuando se trata de nosotros mismos.

> **Aquello que más te cuesta afrontar**
> **es lo que más necesitas hacer.**

La llamada más difícil. La conversación más incómoda que pospones. La tarea que llevas procrastinando meses, quizás años. Recuerda que lo pendiente vendrá siempre a cobrarte, y que, por lo general, tener una deuda no nos sienta demasiado bien. Imagina si lo que nos debemos es a nosotros mismos. Como por lo general nos ponemos en el último lugar de las personas a las que cuidar o atender, es muy fácil que contraigamos deudas con nuestro reflejo en el espejo, ese que acabaremos evitando del mismo modo que el deudor evita al adeudado.

Nos autoengaños porque nos cuesta mirar la verdad de frente. Es posible que al mirarla no quedemos bien parados. Pero ¿por qué engañamos a los demás? Lo hacemos hasta el nivel que nos permite conservar nuestra (auto)imagen de individuos razonablemente honestos. Es una forma de decir que engañamos "lo justo". He conocido personas que, al copiar en un examen, han copiado "para aprobar", no para sacar una nota que sabían que no les correspondía –una matrícula– pero sí para salir del paso. Aunque mintamos, en realidad queremos ser considerados honestos, mirarnos al espejo y sentirnos bien. Quizás, en el fondo, es lo que más nos interesa, sentirnos en paz aunque el medio no sea el más honesto.

Justificamos el mentir cuando creemos firmemente que los demás también lo hacen, y cuando además se refuerza desde lo social. Y esto se enmascara cuando nos creemos nuestras propias mentiras. Al ocultarnos la mentira a nosotros mismos, se hace invisible a los ojos de los demás.

Ser inconsciente del engaño en curso permite ocultarlo más profundamente. Si uno no es consciente de que está mintiendo, los demás no pueden detectar las señales que, objetivamente, indicarían la mentira (movimientos oculares, sudoración, calidad de la voz…)

> **Creemos que el autoengaño nos protege de nosotros mismos, cuando en realidad nos aleja de nuestra esencia.**

El autoengaño es la certeza de haber llegado a un punto en el que no podemos mirarnos a los ojos. Todo va bien cuando nos decimos la verdad, repito siempre. Qué difícil es, y qué bien nos sentimos después.

Mentir abre un abismo infranqueable ya no sólo con los demás, sino con nosotros mismos. A menudo empieza siendo una defensa, pero, como todas las defensas, igual que protege también aísla.

Además, requiere de cierta dosis de memoria, y eso no está al acceso de todos; por eso decimos que la mentira tiene las patas muy cortas.

Dolos[20] era uno de los aprendices del astuto Prometeo, gran Titán. Cuando éste pretendía crear a Aleteia (la verdad) para que rigiese el comportamiento de los hombres, Zeus le llamó y tuvo que ausentarse un momento.

Dejó a Dolos custodiando la inacabada obra y éste, inflamado de envidia y ambición, aprovechó la ausencia de Prometeo para hacer con sus propias manos una figura exacta en apariencia a la que estaba haciendo él. El discípulo

20 Personificación mitológica del engaño.

Dolos puso todo su empeño en imitar la obra (Aleteia) del gran maestro.

Sólo le faltaba terminar los pies cuando se quedó sin arcilla, así que dejó su escultura a mitad para ir a por ella. Cuando regresó con la arcilla, Prometeo ya había vuelto y, divertido por la similitud de las estatuas, las metió a las dos en el horno para que terminaran de hacerse, a pesar de que la hecha por Dolos no tenía pies. Una vez horneadas les insufló vida, y es por ello por lo que la verdad, la obra original de Prometeo, caminaba con gracia mientras que su gemela, la versión hecha por Dolos, sigue sus huellas tambaleándose y sin poder sostenerse. De ahí la expresión de que la mentira *tiene las patas cortas*. También decimos que *se pilla antes a un mentiroso que a un cojo*, ignorando que la más coja de todas es la mentira.

Dolos plagió a Prometeo, pero como todo el mundo sabe, por muy bueno que sea el plagio, la obra original siempre es diferente. Hay algo en las obras originales que nunca puede replicarse. Plagiar es copiar una obra ajena y darla como propia. Se plagian libros, tesis doctorales y hasta post de Instagram. También cuadros y canciones. Personalmente, y no solo porque he sido víctima de plagios en varias ocasiones, me resulta atroz. La persona que plagia se justifica muchas veces en la inspiración, pero la inspiración, precisamente como su nombre indica, enciende el propio talento a partir del talento ajeno. El plagio es una mentira. Cuando presentas como propio algo elaborado por otra persona, la envidia y la mentira confluyen. Envidia porque, como veremos en el próximo capítulo, estás queriendo ser otra persona, y mentira porque estás mostrando a tus lectores, a tus alumnos, a tus pacientes, a tus seguidores, un bagaje cultural, una experiencia de vida que no tienes. Es interesante ver que, a pesar de todo lo que nos roba la mentira, ésta no se considera un delito, pero en cambio el plagio sí lo es, porque se contempla como una infracción a la propiedad intelectual.

Cuánto daño hacemos al inventar la realidad, y cuánto daño nos hacemos a nosotros mismos. Es increíble cómo a pesar de todo el daño que hace la mentira –al que miente y al mentido– lo difícil que nos resulta en ocasiones acceder a la verdad.

Debemos dejar espacio a la verdad rotunda, y a la verdad de cada uno, ya que no siempre coinciden. No es lo mismo *la* verdad que *mi* verdad, ya que no es lo mismo lo que pasó que cómo yo viví lo que pasó, y, de algún modo, ambas son ciertas.

Mentimos porque a veces la verdad nos duele, pero creo que la verdad merece ser atendida y cuidada. Alguien que siempre se representa desnuda –porque no oculta nada– merece toda nuestra admiración.

Cuenta una antigua historia que, hace mucho tiempo, la verdad y la mentira se encontraron a la orilla de un lago. El agua estaba tan buena que decidieron darse un baño juntas. Al salir, la mentira se vistió con las ropas de la verdad, pero la verdad, incapaz de vestirse con las ropas de la mentira, comenzó a caminar desnuda, por lo que todos se horrorizaban a su paso. Esto explica que todavía hoy en día la gente prefiere aceptar la mentira disfrazada de verdad antes que la verdad al desnudo.

¿Tú qué decides? Yo elijo no mentir, aunque sé que alguna vez lo haré –estoy siendo muy sincera ahora mismo–, pero por encima de todo elijo no mentirme. Voy a pasar el resto de mi vida conmigo misma, y merezco poder sostenerme la mirada. Tú también. Recuerda: todo va bien cuando nos decimos la verdad.

CUANDO LO QUE NO ES, ES LA CONEXIÓN: LA ENVIDIA

"El amor no envidia"

SAN AGUSTÍN

Hemos llegado a la conclusión de que las historias, los cuentos, las leyendas o los mitos no son mentiras, sino que son hojas de ruta, mapas de la consciencia que nos guían. Posiblemente sean lo más parecido a un libro de instrucciones que tendremos en esta vida. Recordarás entonces a la bruja fría, fea y ciega del norte, Loviatar, la madre de todas las enfermedades, y la que desterró a la que consideró la peor enfermedad de todas, a su hija pequeña, la única a la que no puso nombre, y una con la que tarde o temprano nos encontraremos: la Envidia.

NO HAY YO SIN TÚ.

Una de mis obsesiones de pequeña (una de tantas, quiero decir…) era la Torre de Babel. No recuerdo bien la primera vez que oí hablar de ella, pero aquello que entendí entonces, si bien luego lo "estudié" con más profundidad, me impresionó. Lo que entendí es que unos señores decidieron hacer una construcción como nunca antes se había hecho, una torre tan tan alta que permitiera llegar al propio Dios. Parece que a ese Dios no le sentaba bien la idea de que le alcanzaran, y se le ocurrió una cosa: que los constructores, que hablaban todos el mismo idioma, empezaran a hablar idiomas diferentes para no entenderse… Y ya se sabe que cuando la gente no se entiende las cosas quedan a la mitad.

Se supone que así se crearon los diferentes idiomas del mundo, lo que significa que hubo un tiempo en el que todos los seres humanos del planeta hablábamos la misma lengua y usábamos las mismas palabras. Detente un segundo: ¿te lo imaginas? ¿Te imaginas un lugar donde *todo el mundo habla el mismo idioma*? ¿Un lugar donde la gente se entiende y se comprende en lo importante? ¿Te imaginas que las personas nos entendiéramos "de verdad", tanto en lo profundo como en lo superficial? ¿Tanto en lo literal como en lo metafórico? Se me eriza la piel, porque pienso que en lo importante, a veces, no nos hacemos entender.

Desafortunadamente, por lo general nos centramos tanto en lo que nos diferencia que olvidamos lo que nos une, que, en última instancia, es lo que cuenta. Lo que nos recuerda la leyenda de la Torre de Babel es que la frase "hablar el mismo idioma" favorece el ascenso, la verticalidad y la elevación… Es decir, que, cuando las personas se entienden, se crece. Lo que significa que no hablar el mismo idioma impide crecer, impide "elevarse".

> **Podemos no entendernos en lo concreto, pero deberíamos ser capaces de entendernos en lo abstracto. Podemos no entendernos en lo simple, pero hay que entenderse en lo grande.**

Y lo grande es lo que siente el otro, la persona que tengo delante. No hace falta construir una torre de siete pisos. El otro no es nuestro enemigo; tampoco tiene por qué ser un amigo, pero el otro podríamos ser nosotros.

El pecado de los constructores de la Torre de Babel es la soberbia, la ambición de pretender llegar allí donde no se nos espera. El castigo habla por sí mismo. La mejor manera de evitar su construcción fue aniquilar cualquier posibilidad de comunicación entre sus albañiles. Si no hay entendimiento, no hay torre. La falta de comunicación llevó a la desconexión entre sus constructores, y lo contrario a la falta de la comunicación no es el silencio o el vacío, sino la destrucción y la agresión: una sucesión importante de malentendidos que provocó la pérdida de conexión entre los participantes en la construcción de la torre. Y, aunque lo que provocó el derrocamiento de la misma fue la soberbia, nos sirve para reflejar otro de los pecados capitales[21] (para mí uno de los peores): la envidia. También era así para Miguel de Unamuno, que lo describió como "mil veces más terrible que el hambre, porque es hambre espiritual".

La envidia, entonces, además de ser el hambre voraz por lo que tienen los demás, es la incapacidad de alegrarse por los bienes ajenos, lo que incluso puede llevarte a alegrarte por el malestar del otro. No se me ocurre nada más triste y un síntoma más claro de desconexión con el prójimo. Incluso entre los pecados capitales, la envidia se considera uno de los más ruines, puesto que, a diferencia de los otros seis, es el único que no aporta nada bueno a quien lo siente. Es como si condenara a quien lo sufre, porque

---

21   Los anoto aquí por si alguien no los recuerda: la soberbia, la avaricia, la lujuria, la ira, la gula, la envidia y la pereza.

alguien que sufre envidia jamás podrá disfrutar de esa emoción tan maravillosa que es alegrarte por el bien de los demás. La envidia es una emoción que ulcera el alma desde dentro, muy lentamente, muy poco a poco, aniquilando cualquier posibilidad de disfrute de la vida.

Desgraciadamente, ningún vínculo se salva de la posibilidad de la envidia. Podríamos pensar que hay lazos o relaciones inmunes a esta *enfermedad* –lo considero enfermedad, pues, como decía, hace sufrir a todos los implicados, a quien la padece y al destinatario–, pero lo cierto es que, como veremos más adelante, no hay ninguna relación que esté a salvo.

> **Lo único que nos salvaría de la envidia
> sería la certeza de la conexión con el otro
> y reconciliarnos con nuestro propio valor,
> entendiendo que la comparación
> puede ser inspiración y no una derrota.**

Se da entre compañeros de trabajo o de clase. Existe entre amigas y amigos, pero también entre hermanas y hermanos. En la pareja. Y, por muy difícil que resulte de entender, también entre madres e hijas y padres e hijos. La envidia surgirá en relaciones horizontales, de tú a tú, es decir, entre amigos, hermanos, parejas o compañeros, así como en relaciones verticales, aquellas donde alguien ejerce un cierto poder sobre otro: entre padres e hijos, con un jefe o un directivo…

> **La envidia requiere siempre "al otro".**

"No hay yo sin tú", decimos los psicoterapeutas que ponemos el foco en los vínculos; afirmación que alcanza un sentido reverso en esta incapacidad de sentir el bien ajeno. La envidia siempre es *a los otros*, siempre tiene un destinatario, alguien que la mayoría de las veces ignorará ser la diana de una mirada envenenada y hostil. Esa hostilidad se podrá disfrazar de palabras amables o incluso halagos, pero en la mirada del envidioso o de la envidiosa hay siempre una intención destructiva. Pero, aunque requiere de otra persona, hablo de desconexión porque aquellos que son envidiosos han olvidado que los otros somos nosotros en otro momento de la vida.

> La falta de conexión con el otro
> es una de las ausencias más graves;
> de hecho, yo diría que una de las más impactantes,
> porque es una ausencia que afecta
> a todas las áreas de la vida.

LA ENVIDIA, TELÉFONO ROTO

Si has visto alguna vez el diálogo de dos hermanas, por ejemplo, o de dos amigas, en la que una tiene envidia a la otra, habrás observado que eran dos personas hablando la misma lengua pero distinto idioma, dado que no se entienden y por tanto no logran comunicarse. Una de las dos partes –la envidiosa– le atribuye razones a la otra parte –la envidiada– que traten de justificar la animadversión que siente la primera. Comunicarse cuando dos personas no se desean lo mismo es, a mi parecer, imposible.

> **La envidia aniquila –entre otras muchas cosas–
> cualquier posibilidad de comunicación
> y conexión con el otro.**

Para mí, eso es –entre muchas otras cosas que iremos analizando en este capítulo– la envidia: una absoluta imposibilidad de entendimiento con el otro.

El concepto de esta palabra viene del latín *in-videre*, que se traducía como "mirar con malos ojos o sentir antipatía". El sentido original del término era muy claro: mirar con hostilidad. El que envidia mira mal porque lo hace desde su carencia o circunstancia, y no tiene en cuenta la circunstancia o realidad de aquel o aquella a quien mira. Ese mirar mal es lo que, desde tiempos inmemorables, se conoce como "mal de ojo". La palabra latina *invidia-ae* designaba también sentimientos como impopularidad, antipatía, rivalidad, odio o mala voluntad. Creo que queda todo dicho.

Ese mirar con hostilidad nos desconecta, y esa mirada nos priva de sentir empatía. Nos roba la posibilidad de la compasión, y nos aleja de la posibilidad de sentir alegría por los demás, por sus logros y sus pequeños éxitos cotidianos, que son, en esencia, los que realmente importan. La alegría por los demás es un anticipo de la propia. Vivir sin poder pensar en los demás, anticiparnos a sus necesidades, ponernos en su lugar, es lo más parecido a vivir sin estar vivo que se me ocurre.

La envidia, por tanto, además de ser incompatible con la compasión y con la conexión, es incompatible con el amor y con la gratitud. Los cuatro ingredientes que acabamos de mencionar –compasión, conexión, amor y gratitud, en el orden que prefieras– son cuatro características que harán tu vida mejor; carecer de ellos –tal y como carece el envidioso– no augura una buena vida.

Pero ¿cómo nace una persona envidiosa? ¿Nace o se hace? La envidia llega muchas veces desde la desmemoria. Defiendo que la gratitud –que ya hemos dicho que es una virtud absolutamente incompatible con la envidia– implica tener memoria, la de agradecer *aquel* gesto, *aquella* ayuda en *aquel* momento de tu vida. Es entonces cuando encontraremos dos tipos de personas: las agradecidas, que son las que recordarán y honrarán aquella ayuda, y las desagradecidas, las que distorsionarán la ayuda recibida y la convertirán en una deuda.

Personalmente, odio las deudas, y siento que a día de hoy tengo mis pequeñas deudas saldadas y resueltas (por favor, si no es así y estás leyendo esto házmelo saber, tenemos que arreglarlo), pero sé bien que la mejor manera de no pagar una deuda es justificando que la persona a la que se le debe no merece ser "pagada", y la mejor manera de justificarlo es aniquilar cualquier posibilidad de merecimiento o de reconocimiento de la ayuda y la bondad ajena. Por eso, tantas personas envidiosas en realidad son, en el fondo, personas deudoras. Y no me refiero a una deuda tangible o material, esa es demasiado evidente, sino a una más profunda, que tiene relación con algo que reprimo o me avergüenza de mí misma, o de mí mismo; un algo que siento que se reactiva en mí cada vez que tengo contacto con esa persona que me ayudó, que me enseñó algo importante, que me salvó una y otra vez. Estas son unas líneas tremendamente dolorosas cuando suceden entre hermanas o entre hermanos, y desgraciadamente, por mi experiencia, algo bastante más habitual de lo que nos gustaría aceptar.

> **Una persona que envidia es un ladrón de méritos.**
> **Los envidiosos van a sabotearte,**
> **van a mancillar tu esfuerzo.**

Recuerda, entonces, que la desvalorización de alguien que –en principio– debería estar contenta por ti, o un intento de desacreditación del tipo "consiguió ese puesto porque es la sobrina de no sé quién..." (ojo, no niego que existe el nepotismo y los intereses y los tejemanejes, pero en el contexto de este capítulo todos entendemos a qué tipo de desacreditación nos referimos), o un "siempre se sale con la suya", son pequeñas pero innegables pistas de que quien está al otro lado te envidia, o te mira mal.

La mejor manera de quitarle a alguien el merecimiento que le corresponde es quitarle valor, mérito y, por supuesto, prestigio. En muchas ocasiones, la persona envidiosa roba ese merecimiento que implica la gratitud y consigue desacreditar atacando la personalidad de esa persona. ¿Te suena? Es como *la falacia ad hominen*, en la que se ataca a quien sostiene un argumento en lugar de refutarlo. Algo así como desmerecer a la persona que te ayudó para así evitar agradecérselo.

Los envidiosos, además de deudores, son ladrones del mérito ajeno. Sabrás que alguien te envidia porque le quita valor a lo que haces, robándote el mérito de todo lo que has conseguido. Ten en cuenta, a partir de hoy, que es muy posible que detrás de ese "es que mira que tienes suerte", o "sí, mi prima también lo hizo" o "estuve a punto de comprarme ese bolso, pero no lo hice porque lo lleva demasiada gente", etc., son píldoras de alguien que no te mira bien. En algunas de estas afirmaciones, lo que hay detrás es también una hostilidad velada, una agresión camuflada en halago.

No sé si alguna vez alguien te ha dicho eso "uy, qué guapa, no pareces tú", pero si te lo han dicho alguna vez entenderás de qué modo alguien puede estar "halagándote" y "atacándote" a la vez. En esto es experta la persona envidiosa.

Otras pistas que enmascaran la envidia son, por ejemplo, una indiferencia fingida a lo que estás logrando, del tipo "ah, no me había enterado" (cuando en realidad es *vox populi*), o cualquier intento de apagar, o incluso extinguir, tu alegría y entusiasmo por algo que te esté pasando. Como esa amiga (o quizás deba escribir "amiga") que, cuando le estás hablando de la persona que has conocido y con la que estás iniciando una preciosa historia de amor, intenta bajarte a la tierra diciéndote cosas del tipo "bueno, también estabas así hace unos meses con fulanito/a" o "siempre te pasa lo mismo y en cuanto te conocen se van". No hace falta que aclare que todos estos ejemplos son frases reales sacadas de horas de terapia, y de mi propia vida, por supuesto.

Una de las evidencias más tajantes es cuando no puedes compartir nada de lo tuyo, porque la otra persona no quiere ni oír hablar de lo que te está pasando. Y esto, en ocasiones, ocurre con los propios padres, o, de nuevo, entre hermanas. Conozco mujeres que no pueden compartir con sus hermanas lo que consiguen sus hijas, sus nietos… porque provocaría un cisma familiar. Conozco personas que tienen que callar sus logros porque alguien muy cercano iba a desvalorizarlos; a veces, incluso su propia madre. Conozco personas que no pueden compartir cuándo van a celebrar o acudir a un evento importante porque alguien muy cercano va a sabotearlo. Y sí, es cierto que deberíamos ser capaces de vivir *lo nuestro* con indiferencia ante la opinión ajena, pero todos queremos compartir, y, del mismo modo que nos alegramos por los éxitos, los logros y la felicidad ajenos, también querríamos poder compartir lo nuestro. De hecho, compartir es uno de los verbos más humanos que existen, y no poder acceder a compartir en círculos inmediatos es muy doloroso. Aceptar que alguien de tu entorno familiar o cercano te tiene envidia es muy difícil; puede llegar a ser traumático. Y por eso muchas personas necesitan un soporte psicológico en estos momentos de sus vidas.

> **Definitivamente, la incapacidad de alegrarse
> por la felicidad y los logros de los demás
> es un síntoma inequívoco de padecer
> esa silenciosa enfermedad que es la envidia.**

Sí, efectivamente considero que la envidia es una enfermedad silenciosa que va comiéndose, poco a poco, la alegría vital de quien la sufre. Una persona envidiosa nunca puede ser alegre, por mucho que crea que se "alegra» por lo que no les va bien a los demás. Eso no es alegría, es más bien ira encubierta, una coartada para sus propias carencias, una anestesia para lo que no se quiere afrontar.

UNA EPIDEMIA RUIDOSA

En este momento histórico, la envidia es una importante epidemia, porque, además de desconectarnos de los demás, potencia la comparación, que encima hacemos mal, pues al compararnos siempre le atribuimos al otro más felicidad de la que tiene, pensamos que es mejor de lo que es (y siempre mejor que nosotros, y más…) y que le va mejor de lo que parece. Una epidemia de desconexión que nos aísla de las cosas buenas de la vida.

> **La envidia es una emoción muy seria,
> porque sus consecuencias afectan
> a estructuras muy profundas.**

He visto demasiados vínculos rotos por la envidia. Y es que se trata de una agresión, sutil, a veces silenciosa, aunque otras veces ruidosa, que mueve los hilos de la ira y el desprecio. Termina separándonos, y, como no suele reconocerse que lo que se siente es envidia, aleja a las personas que no pueden hablar, expresarse o razonar. Provoca conflictos ciegos y mudos: la persona envidiosa nunca lo reconocerá, y la persona envidiada nunca entenderá por qué se le envidia, menos aún si la agresión viene de una hermana o una íntima amiga.

Dice Francesco Alberoni en su libro *Los Envidiosos* que la envidia es un mecanismo de defensa que ponemos en funcionamiento cuando nos sentimos disminuidos. Nace entonces del sentimiento de "no valer", de ser menos que los demás. Por eso el ataque del envidioso es quitar valor al destinatario de su envidia, además de robarle el mérito y, por supuesto, el merecimiento.

> **Sabrás que alguien te envidia por todos los intentos
> que hace –y hará–, muchas veces de forma
> inconsciente, por desvalorizar tus logros.**

Llegados a este punto, debemos reconocer que un gran profiláctico para la envidia –para no sentirla, porque recibirla o evitarla no es algo que dependa de nosotros– es ajustar el sentimiento del propio valor. Reconocer el valor propio no es únicamente una cuestión de quererse –autoestima– o de eficacia percibida –autoconfianza–, es una de las tareas más importantes que los seres humanos tenemos por delante.

Valor es una palabra compleja. Y completa. En el diccionario de la lengua española tiene, ni más ni menos, trece acepciones. Trece. Como ya hemos visto anteriormente, la número trece es la carta del Tarot que no tiene nombre y que simboliza un renacer. Esta relación me la acabo de sacar de la manga, pero me viene como anillo al dedo, porque considero que si las personas tomáramos conciencia de nuestro verdadero valor renaceríamos en una nueva versión de nosotros mismos: más firme, más sólida, más consistente y marcando límites allá donde fueran necesarios; una versión inmune a la envidia.

Pero ¿cómo se tasa el valor de una persona? Si ya es difícil tasar un piso o un diamante, imagina una vida. Imagina qué difícil tasar la tuya. Intenta tasar la vida de tu hijo. O la de tu mejor amiga. Es tan difícil calibrar el propio valor que, por eso, la tasación –estimar o evaluar tu valía– no termina de funcionar cuando viene (sólo) de uno mismo. Hay que escuchar a los de fuera para estimar el propio valor. Aunque ojo a quién escuchas. Empieza escuchando a los que te quieren y sabes que te admiran de verdad, a los que te valoran de verdad. También a aquellos que sean críticos contigo, especialmente a quienes lo hagan desde la amabilidad y te ayuden a reconstruir. Yo también tengo que hacer este ejercicio alguna vez, porque, como tú, tengo que luchar contra los ladrones del valor.

> La impecabilidad de unos pone
> el foco en la mediocridad de otros.
> Que la carencia ajena no te impida tomar
> conciencia de tus propias virtudes.

La percepción de tu propia valía marca ese límite entre lo que sabes que ya no mereces y todo lo que te queda por conquistar. Ajustar el propio valor es como ajustar tus dioptrías: por fin verás el mundo tal y como es. Los rostros ajenos también.

Debemos vigilar –y en la medida de nuestras posibilidades cuidar– la conexión con los demás, que es lo que nos permitirá –en primera y última instancia– cuidar al otro y alegrarnos por su alegría. Ya hemos dicho que la verdadera convivencia, la auténtica conexión, implica mantener intacta la capacidad de anticipar lo que es importante para el otro, o lo que le gusta al otro, y no pensar únicamente en lo que es importante para ti. La desconexión es un síntoma de involución, y no todas las personas que te rodean estarán en el mismo nivel evolutivo que tú, o tú en el de ellas, pero ten en cuenta que no podemos hacernos responsables del nivel evolutivo de aquellos que queremos; es necesario respetar dónde están, y respetarnos a nosotras mismas marcando límites si ellos no consiguen respetar o valorar nuestro lugar.

EL DESEO AJENO, FARO DE MI PROPIO DESEO

Envidiar es desear lo que otros tienen y no sólo porque no lo tengo, sino porque siento que me está vedado, y eso, aunque me lleva a estar mirando constantemente al otro, hace que lo mire desde lo que me diferencia de él, y no desde lo que me asemeja. Por eso están vinculadas la envidia y la conexión, pues la envidia es pura desconexión. Sólo cuando estoy conectado con el otro, cuando siento que lo que le pasa no sólo no es una amenaza para mí sino que es el aviso de lo que me espera, de lo que puede llegar a ser, y que por tanto es algo que tiene que ver conmigo, puedo alegrarme por lo ajeno.

En ese sentido, sentir envidia puede ser un impulso, una inspiración. Sentir una punzada en el pecho –o en la barriga– porque alguien tiene algo que yo no tengo –y deseo y ansío y anhelo y sueño– es una evidencia indiscutible de hasta qué punto quiero eso. Por eso, en lugar de desear que al otro no le salga bien, debería invertir toda esa energía en hacer camino para lograr aquello que deseo y ansío y anhelo y sueño, que, además de ser una gran idea, es muy constructiva.

> **Pero la envidia no es sólo querer lo que el otro tiene.
> La envidia es sobre todo querer ser el otro.**

Existe la miopía, la hipermetropía, el astigmatismo y la imposibilidad de ver al otro, que es, posiblemente, la peor de las cegueras. En la envidia me siento alejado de lo que creía admirar. La envidia impide que nos pongamos en el lugar del otro: implica, como ya hemos dicho, el deseo de lo que el otro tiene (y yo no tengo), pero sin valorar el esfuerzo que hay detrás o el precio que paga por tenerlo, porque siempre hay un precio que el envidioso prefiere ignorar.

Existe una idea muy extendida de que envidiamos lo que nos falta. Por eso podemos envidiar a los que están sanos cuando en nuestra casa alguien –incluso uno mismo– está lidiando con la enfermedad. Podemos envidiar a los que pudieron tener hijos, a los que tienen una vida plena, a los que tienen todas las sillas ocupadas la noche de Navidad, a los que están enamorados o a aquellos a quienes atribuimos felicidad.

Se hace necesario recordar aquella historia en la que Buda le promete a una mujer que, si cumple una tarea, podrá revivir a su hijo. "Deberás traerme un grano de mostaza de una casa en la que no haya habido jamás una muerte", le pide Buda. Puedes imaginar lo que sucede: en todas las casas que la mujer visita, ha muerto alguien. Cambiemos el que "no haya habido jamás una muerte" por que no haya habido jamás sufrimiento, preocupación, una carencia o una ausencia. No existe ese hogar, ¿verdad? Por tanto, parece que no tiene demasiado sentido envidiar. Mejor nos iría si nos dedicáramos a respetar cada existencia, empezando por darle valor a la nuestra.

La envidia es, sin duda, una emoción huidiza. Por lo general, no tenemos reparos para reconocer nuestras emociones desagradables, como el enfado o la decepción. Incluso podemos reconocer la frustración y el miedo. Pero nadie reconoce que tiene envidia. Si la identificamos en nuestro interior, la "maquillamos" con comentarios despectivos que le quitan valor al otro ("qué suerte tiene siempre", por ejemplo) o hablamos de "envidia sana", que es el cajón de sastre de una emoción inaceptable en muchas ocasiones. Por eso hay que tener cuidado del peligro de la argumentación del envidioso: siempre encuentra la manera de justificar su turbio sentimiento, ese que posiblemente no podrá reconocer jamás

El envidiado ejerce una intensa atracción en quien le envidia. Convertirse en amigos –o pacientes– del envidiado es muchas veces el mejor camuflaje. Cuando se trata de un hijo, una hija, una hermana o una pareja, el camuflaje es más bien una coartada, y el delito de la envidia, mucho más grave.

Ser capaces de reconocer la envidia es un buen signo, porque implica reconocer nuestra vulnerabilidad, y también nos da permiso para reconocer e identificar nuestros anhelos más profundos. Como psicoterapeuta, admiro mucho cuando un paciente es capaz de verbalizar que siente envidia, porque sé lo difícil que ha sido llegar hasta ese punto, y sé lo difícil que es decir ciertas cosas delante de otra persona. Cuando este momento sucede, hay esperanza en salir de la toxicidad que le deja a nuestro cuerpo sentir envidia.

Mostrar la vulnerabilidad nos "vacuna" de la envidia, pero también nos permite dejar de luchar. La persona que envidia se siente menos que la persona a la que envidia, pero en este caso no hay ningún tipo de humildad ni nada que se le parezca. Mediante la humildad podemos aprender, pero especialmente podemos reconocer aquello que deseamos o desearíamos vivir o tener. La envidia, en cambio, cierra la puerta a todo aquello que puede enseñarnos.

Desgraciadamente, a veces, la envidia solamente se comprende con el tiempo. Sólo con la perspectiva que dan los años entenderemos que aquel cúmulo de malentendidos con la persona que tanto amábamos –sea una hermana, tu madre o aquella pareja– estaban teñidos de envidia y recelo.

Cuidado con el peligro de la argumentación del envidioso: siempre encuentra la manera de justificar su turbio sentimiento, ese que, como hemos visto, posiblemente no podrá reconocer jamás, a menudo ni siquiera ante sí mismo.

He observado que, cuanto más íntima es la relación entre envidiado y envidioso, más agresiva se vuelve, puesto que nuestros íntimos son siempre conocedores –precisamente, de ahí el término– de nuestra intimidad, de nuestros miedos, incluso de nuestros secretos; por eso es tan delicada la envidia entre hermanas o hermanos, o la envidia de una madre por su hija, de un padre por su hijo.

La envidia entre hermanas es algo que los psicólogos vemos mucho en consulta, y es, posiblemente, una de las primigenias. Muchas veces se asume que los hermanos se tienen celos, pero no envidia, y eso es un error. Es posible que los celos de la infancia terminen derivando en envidia, pero son dos cosas diferentes. Los celos implican una triangulación: dos personas "compiten" por el amor de una tercera; dos hermanos compiten por el amor de sus padres –especialmente por el de uno de ellos–, por ejemplo. Pero no sólo competimos por amor, podemos competir por una herencia, un reconocimiento, un puesto de trabajo o atención. En cambio, en la envidia, esa triangulación no existe, y se trata, en realidad, de un sentimiento unilateral que nace de la comparación. No deja de ser inquietante que –según el Génesis– el primer ser humano nacido en la tierra (Caín) matara al segundo (Abel), por envidia.

> **Los celos implican competición y rivalidad.**
>
> **La envidia implica la comparación que nace de un sentimiento de inferioridad.**

Desgraciadamente, el amor y la envidia no son compatibles. "El amor no envidia", dijo San Agustín; y realmente sería bonito pensar que el amor pudiera ser un profiláctico a la envidia, pero no es así. Hemos visto que quien te ama puede envidiarte, del mismo modo que tú puedes amar a quien envidias, aunque cueste creerlo. Hemos visto que se envidian las hermanas, o los hermanos. Los padres a sus hijos, y también las parejas.

Hay personas que nos hacen pequeñas. Curiosamente son ellas "las pequeñas", y por eso no soportan lo "enorme" de los demás. No toleran que nadie las eclipse. Y, si sientes que quien te eclipsa es precisamente la persona que amas y que te ama, quizás no estemos hablando de amor. Sentir envidia por la propia pareja es un claro ejemplo de cómo la falta de conexión con el otro es la puerta de entrada a la envidia. Lo que une a una pareja es la amistad y la mutua admiración, del mismo modo que lo que la separa es la desconexión. No puede haber envidia si hay una genuina admiración. Cuando los éxitos de tu pareja no "son los tuyos" –no hablo de un *comunismo sentimental,* sino de empatía y de los vasos comunicantes a los que nos referíamos unos capítulos atrás– hay que revisar la percepción de tu valor y por qué sientes el triunfo de tu compañero/a de vida como una amenaza. Cuando la felicidad de tu pareja, sus logros, la valoración social que tiene, no es un motivo de orgullo para ti, te conviertes en la bandera roja de la relación.

Recuerda que existe la posibilidad de aceptar la envidia como vehículo de crecimiento, así que lo que te incomoda y te molesta de los logros y el crecimiento de tu pareja habla –a gritos– de tu carencia y de tus inseguridades. Ser capaz de admitir tu insatisfacción con ciertos aspectos de tu propia vida es el principio del reencuentro contigo mismo.

Sin duda, uno de los vínculos en los que la envidia es un asunto especialmente grave, es el materno-filial. ¿Cómo puede ser eso? ¿Cómo puede una madre no desear lo mejor para su prole, no alegrarse por los logros de una hija, o de un hijo? Yo también me lo pregunto cada vez que lo veo en consulta, pero sé que existe y que el sufrimiento y el desconcierto de la persona envidiada es real. Es muy posible que detrás de una madre envidiosa nos encontremos con una madre narcisista. Todos tenemos en nuestro imaginario la envidia de las madrastras a sus hijas: Blancanieves tuvo que salir del castillo por ser más bella que su madrastra[22], y Cenicienta fue ubicada en la cocina para no eclipsar a sus hermanastras. Mi experiencia me ha enseñado que esta es, sin ninguna duda, la envidia más difícil de aceptar. Asumir la envidia que proviene de una íntima amiga, de una hermana, es muy difícil, pero asumir que es tu propia madre quien te envidia puede provocar un impacto paralizante considerable. Una de las reacciones más habituales es negarlo, y será dicha negación la que repercuta en la valoración de una misma, y lo hará mediante la creencia de no ser nunca lo suficientemente buena, idea que se adherirá a estas mujeres en lo más profundo de su alma. Si las personas envidiosas son ladronas del mérito ajeno y del valor del otro, una madre envidiosa está en un lugar privilegiado del vínculo para hacerse con su botín.

Como imaginarás, la percepción del propio valor de mujeres que fueron envidiadas por sus madres —también hay padres que envidian a sus hijos— está muy distorsionada, lo que repercutirá en muchas áreas de su vida. Mi experiencia profesional me ha enseñado que, cuando estas mujeres entienden —y aceptan— la evidencia de la envidia y pueden comprender de dónde nace la carencia de su propia madre —que las convirtió a ellas en una amenaza—, pueden crear la distancia interna de defensa necesaria e imprescindible. En ese momento, es posible mirar a *la mamá* desde otro lugar, y lo más importante: una puede reconciliarse con su verdadero valor al entender que esa envidia materna nace de la incapacidad de la madre para reconocer lo bueno de su hija —pero que sí identifica, y por eso envidia—, y que todo aquello que se despreció y maltrató, era en realidad lo que era digno de admirar.

22 Me parece interesante destacar que en la versión original del cuento, la Reina era la propia madre de Blancanieves. El cambio de madre por madrastra es a partir de la edición de 1812. (*Fuente: Los Cuentos de los hermanos Grimm tal como nunca te fueron contados. Edición de Helena Cortés Gabaudan. La oficina*)

A pesar de todo esto, y de lo difícil que es afrontar y reconocer este tipo de envidia, quiero pensar que ese sentimiento gesta en su entraña la semilla de la admiración.

Pero ¿por qué generamos envidia?

> **Genera envidia lo auténtico y lo coherente, las personas consistentes que viven acorde con sus valores, con la libertad que da no tener miedo y tener la valentía de asumir las consecuencias de los actos propios.**

Si eres una de estas personas, te felicito. Y te admiro, porque no es fácil estar rodeada de personas que no se miran de frente y que no reconocen todo lo que no funciona en sus vidas. Recuerda que la impecabilidad de uno pone luz a la mediocridad del otro. Lo que tú haces bien alumbra lo que el otro no supo hacer. Lo que tú reivindicas pone el foco en el error ajeno. Y ya hemos dicho que no son muchos los que pueden verbalizar o reconocer sus errores.

La percepción de nuestro propio valor oscila constantemente, por eso nadie está libre de recibir una mirada envidiosa pero tampoco de sufrirla. La mejor protección contra la envidia es, entonces, ser consciente del propio valor, porque sólo así atraerás a personas de tu misma valía, que son las que no tendrán miedo de tu grandeza y por eso no te envidiarán.

La aceptación de la envidia –de que somos nosotros quienes la sentimos– es tan dolorosa como terapéutica. Ese será el importante primer paso que nos permitirá dejarla atrás y vivir desde otro lugar, conectados con los demás…, que, una vez más, somos nosotros en otro momento de la vida. En todo viaje, el primer paso es el más importante.

Suele ser al que menos atención prestamos, al que menos conciencia damos y el que menos cuidamos, pero siempre es el más importante.

> **El antídoto a la envidia es la conexión.**
> **Y la conexión sólo es posible cuando hay amor.**

En las relaciones personales hay que diferenciar la fusión de la conexión. En el amor, la fusión impide la evolución, mientras que la conexión nos da la oportunidad de crecer y conocernos. Cuidado entonces con el amor fusión, y con los peligros de necesitar al otro, puesto que nos roba la más absoluta de las libertades, que no es otra que la capacidad de decidir. Cuando necesitamos al otro, perdemos también la capacidad de negociar, y no es buena idea, por lo general, vivir desde la necesidad.

La fusión son dos existencias fundidas en una, y, por muy romántica que sea esta imagen, no la recomiendo jamás, ni en el amor romántico, ni en el fraternal, ni el parental. Las personas necesitamos de una distancia interna entre nosotros para poder desarrollarnos desde lo que somos. Nadie, absolutamente nadie, crecerá al mismo ritmo que tú. Recuerda que las cosas se ven mejor de cerca que de lejos. Necesitamos una cierta distancia para poder ver lo que está cerca de nosotros.

Te cuento una intimidad: a veces, después de trabajar, me gusta quedarme un rato mirando por la ventana de la consulta. Y como si no hubiera sido suficiente asomarme a las ventanas interiores de mis pacientes, que en un acto absoluto de confianza y generosidad me levantan las persianas de sus secretos y de su intimidad, me gusta también asomarme a las ventanas exteriores de unos vecinos a los que no conozco. El concepto "vecino" me llama mucho la atención, porque al fin y al cabo son desconocidos con los que te ves abocado a compartir espacios importantes para ti (sean profesionales o personales). Son un poco como la familia política de tu existencia, que están muy cerca, pero no los has elegido. Puedes tener mucha suerte y encontrar en cuñados, suegras y demás una nueva familia y un equipo de aliados, o puedes encontrar todo lo contrario. Del mismo modo puedes encontrar vecinos o vecinas que se convierten en amigos y aliados o quizás personas que tienen mucho tiempo y poca personalidad y tratan de hacerte la vida imposible.

Si hablo de vecinos en un capítulo sobre la conexión con los demás es porque creo que, por todo lo comentado en el párrafo anterior, éstos pueden ser un honesto ejemplo de conexión con unas personas desconocidas, a las que no has elegido ni nada parecido, pero con las que vives tan tan cerca que hasta puedes escuchar sus broncas, sus obras o hasta cuando hacen el amor.

Cuando miro a los vecinos del edificio de enfrente –en mi caso estamos separados por un río, no por una calle– me gusta imaginarme las ilusiones de cada casa: sus anhelos, lo que sienten al llegar a su hogar, las cosas que les están saliendo bien. Me imagino lo que debieron sentir cuando vieron ese pisito por primera vez, cuando decidieron alquilarlo (o comprarlo), y la primera vez que entraron en él. Y es que, en definitiva, me reconforta conectarme con las ilusiones ajenas porque nunca lo son del todo, pues, aunque estén lejos de las mías, un día seguro que fueron semejantes. Puede que como seres humanos a veces seamos complicados, pero cuando se trata de ilusionarnos somos todos parecidos.

Siento, desde lo más profundo de mi cuerpo, que la desconexión entre las personas es antinatural, que hay que hacer más esfuerzo para desconectarnos los unos de los otros que para mantenernos conectados, recordando que somos hilos imprescindibles del mismo tapiz. Ojalá que la envidia se pueda transmutar en el faro de los deseos por cumplir; pero, hasta que llegue ese momento, ojalá puedas mantenerte fuerte ante aquellos que ven en ti lo que les falta, todo *lo que no es* en su vida, y que es lo que precisamente tú, con tu presencia, alumbras.

CUANDO LO QUE NO ES, ES LA ALEGRÍA: LA MELANCOLÍA

Todos los cambios, incluso los más deseados, acarrean cierta melancolía, porque lo que dejamos atrás es parte de nosotros mismos. Pero hay que morir en una vida antes de nacer en otra.

ANATOLE FRANCE

¿Te consideras una persona alegre? La alegría ¿es o no es en tus días? Quizás primero deba preguntarte: ¿qué es la alegría para ti? Vamos a asomarnos a ella en las próximas páginas, y posiblemente a reescribirla, porque es muy posible que para ti la alegría sea la felicidad, y la alegría de la que quiero hablar no tiene nada que ver con la felicidad. Para mí, que como ser humano moderno también ansío mis momentos felices, la felicidad tiene mucho de falacia, y la alegría, en cambio, mucho de certeza. La felicidad tiene, en estos tiempos, un halo de imposición que como psicoterapeuta me asusta. La alegría, en cambio, es un estado genuino de estar en el mundo, un filtro en la mirada, una forma de vivir. La felicidad es un estado pasajero impuesto desde fuera, muy condicionado por la cultura en la que vivimos y crecemos –que es quien nos va a decir qué y cuánto necesitamos para ser felices–, y la alegría es eso que sientes cuando estás a gusto, y en calma, y en paz, y tienes ilusión, y fuerza, y ganas, todo junto. Mi impresión es que la felicidad está muy condicionada por la consecución de objetivos externos, mientras que la alegría es un sentir genuino, que nace de dentro para fuera, pero –ahí la cuestión– independientemente de lo que hay fuera.

REIVINDICANDO LA ALEGRÍA

En función de los kilómetros de vida que lleves, entender esto puede resultarte más o menos fácil. Y cuanta más vida a tus espaldas –y esto no tiene que ver con la edad, sino con tu forma de vivir– más claro tendrás que la felicidad como estado global no existe, aunque a la vez es indiscutible que la vida está abonada de momentos felices de los que brotan nuevas versiones de nosotros. Pero son eso, momentos, no un estado final al que tratar de llegar.

Me pregunto, con la mano en el corazón, quién puede ser absolutamente feliz en un mundo tan desordenado como el nuestro, en un momento en el que, a unos kilómetros de tu casa, las guerras destrozan esperanzas y revientan la posibilidad de vivir; donde, a metros de tu casa, alguien está *realmente preocupado* por cómo vienen las cosas, y lo remarco porque se trata de una preocupación real, no de una anticipación imaginada a posibles –pero a la vez improbables– problemas. Cómo ser feliz cuando, quizás en tu propia casa, alguien está lidiando con lo innombrable. Ahora puedes entender que las personas felices sí que son más alegres en general, pero hay muchas razones por las que la alegría no es sinónimo de felicidad.

Es cierto que en muchas ocasiones estos términos se confunden, y además se confunden con razón, también con el optimismo y la esperanza. La alegría es, en realidad, una emoción básica. Una emoción agradable. Muchas veces la verás descrita como una emoción positiva en contraposición a las emociones negativas (tristeza, ira, miedo, por ejemplo) pero yo siempre defiendo que el adjetivo correcto para nuestras emociones no es positivas o negativas, sino agradables o desagradables, puesto que, como todas y cada una de ellas tienen una reconocida función en nuestra evolución, todas deberían ser consideradas positivas. No obstante, la alegría de la que hablo en estas páginas va más allá que esa emoción breve, espontánea y pasajera, intensa y concreta que te hace reír a carcajadas. Yo pretendo hablar de la alegría de vivir.

Si vas a un traductor español-inglés, verás muy claramente las dos acepciones de alegría que estamos manejando hasta ahora. Haz el siguiente ejercicio. Ve a Google Translate. Escribe *alegría* en español y dale a la tecla para traducirlo al inglés. La primera traducción que te sale es *happiness*. Ahora dale a la tecla inversa, esa flechita que sale entre idiomas. ¿Qué ha pasado? Que ahora nos pone que *happiness* es *felicidad*. Vuelve a darle a la tecla para invertir el idioma. ¿Qué pone? *Felicidad - Happiness*. Llegados a este punto hemos perdido la alegría por el camino y nos hemos quedado en la felicidad, y todo lo que quería decir sobre ella está escrito en la página anterior. Pero vamos allá de nuevo. Escribe *joy*. ¿Y? Efectivamente, de nuevo es *alegría*. Vamos a darle a la flecha que invierte el idioma… ¿Y? ¡Oh! De nuevo entramos en el bucle *alegría - happiness* - alegría. La felicidad parece tan tirana que hasta trata de excluir el concepto de alegría y de dicha. La felicidad tiene tanto poder que hasta ha podido redefinir un algoritmo.

Hablo de tiranía porque a la felicidad nos habituamos, y entonces cada vez necesitamos más y más; en cambio, a la alegría no solo no nos habituamos, sino que, cuanta más sentimos, más grande se hace. La felicidad, tan vinculada a lo extrínseco (a lo de fuera) y al verbo *tener*, supone una adaptación hedonista que hace que nos perdamos en el bucle infinito del verbo *tener*, porque nunca nada será suficiente.

> **La adaptación hedonista es la penitencia de nuestro tiempo, que nos condena a necesitar cada vez más y más de todo aquello que no necesitamos.**

La adaptación hedonista es esa tendencia que tenemos los seres humanos a volver al nivel base de felicidad poco después de experimentar cualquier tipo de cambio. Cuántas veces hemos pensado que si conseguíamos *esto* o *aquello* seríamos más felices. ¿Te suena? Si tuviera pareja… Si tuviera más dinero… Si viajara más… Si tuviera más tiempo… Si tuviera otro trabajo… Si viviera en otro lugar… Estos son algunos de los "si tuviera» que más escuchamos los psicólogos en consulta, cuando la realidad es que al poco de tener pareja, al poco de haber salido de la zona incómoda de la cuenta bancaria, a pesar de todos los viajes realizados, a pesar del cambio de trabajo a un lugar con mejores condiciones de sueldo y de horario, al poco de la mudanza, se nos ha olvidado absolutamente lo logrado y volvemos a sentir que nos falta algo. Otra vez, *lo que no es* demuestra ser más grande que lo que es. Otra vez, lo que falta eclipsa lo que es.

Por eso tenemos que transcender la volatilidad de la felicidad, ya que bajo ningún concepto depende de nosotros, y defender lo que sí es genuino y auténtico, porque nace de dentro. Del mismo modo, tampoco depende de nosotros que, en última instancia, una persona sea feliz. Así pues, vamos a seguir reivindicando la alegría de vivir, dado que ya hemos visto que la satisfacción personal, la realización o la felicidad son intermitentes.

La alegría a la que aspiramos es, por encima de todo, una forma de vivir. La alegría de vivir a la que aquí me refiero es la alegría empática, el ingrediente básico de un transcurrir amable por el camino de la vida, el requisito indispensable para sentirnos conectados con todo lo que nos rodea, y, por tanto, un eficaz profiláctico contra la envidia, entre otras muchas cosas.

> **Si no consigo sentir alegría por lo que consiguen los demás, difícilmente podré sentir alegría a secas.**

ALEGRÍA, INCONMENSURABLE ALEGRÍA

La alegría es uno de los cuatro inconmensurables budistas, las virtudes o actitudes que según el budismo consiguen que las personas tengamos una tregua en la relación con nosotros mismos y con el resto.

Me gustaría matizar en este punto que yo no soy budista. He tenido la suerte de formarme en psicoterapia contemplativa con grandes maestros budistas y he aprendido a cruzar el puente que une la sabiduría oriental con la occidental en sus dos direcciones, teniendo en cuenta que ni todo oriente es budista ni todo occidente católico. He escuchado a muchos maestros y he decidido con qué me quedaba y con qué no, pero, sin duda, de todas las cosas que he estudiado y he leído y he aprendido, una de las que considero que debería ser de aplicación universal es el entrenamiento en los cuatro inconmensurables. Creo fervientemente que el mundo sería bastante mejor si todos nos permitiéramos ser personas más amables, más amorosas, más ecuánimes y más alegres.

Nagarjuna, filósofo y monje budista, a quien se le atribuye la redacción de los Sutras de la Perfección o de la Sabiduría, Prajñāpāramitā-sūtra, escribió:

> *"La práctica del Inconmensurable Estado del Amor*
> *extingue la ira en el corazón de los seres vivos.*
> *La práctica del Inconmensurable*
> *Estado de la Compasión extingue el dolor y la ansiedad*
> *en el corazón de los seres vivos.*
>
> *La práctica del Inconmensurable Estado de la Alegría*
> *extingue la tristeza y la falta de alegría en el corazón*
> *de los seres vivos.*
>
> *La práctica del Inconmensurable Estado de*
> *Ecuanimidad extingue el odio, la aversión*
> *y el apego de los corazones de los seres vivos."*

Y, aunque posiblemente cada uno de los cuatro inconmensurables –Amor, Compasión, Alegría, Ecuanimidad (*Metta, Karuna, Mudita, Upekkha* respectivamente en Pali)– merecería no solamente un capítulo sino un libro entero, nos vamos a centrar en cómo *la práctica del inconmensurable estado de la alegría extingue la tristeza y la falta de alegría en el corazón de los seres vivos*.

Se trata de una alegría genuina, un brillo interno que sentimos cuando alguien vive un buen momento. Se trata de poder ser felices no por lo que tengo o consigo, sino por lo que sienten los demás.

La palabra *alegría* proviene del latín *alacer o alacris*, que significa "rápido", "vivaz" o "animado". Si te gusta la música sabrás que el *allegro* es un término que es exactamente así, vivo y rápido. Así es precisamente como se manifiesta la alegría, permitiéndonos un vivir entusiasmado y animado.

Piensa entonces en una persona melancólica. O en ti, si has sentido melancolía alguna vez. La cuestión es que, cuando en nuestra vida hay alegría, la melancolía no tiene cabida, del mismo modo que nos es imposible acceder a la alegría de vivir –al entusiasmo, al ritmo– cuando nos sentimos melancólicos. Ambas, melancolía y alegría, no están tan lejos. En el fondo –y en la superficie– somos funambulistas que caminamos sobre un alambre que separa los dos mundos. La distancia entre la alegría y la melancolía es la misma que entre el futuro y el pasado.

La alegría es prima hermana de la ilusión, de las ganas, y ya hemos dicho que del entusiasmo. Las tres –ilusión, ganas y entusiasmo– nos llenan de fuerza y nos permiten afrontar el futuro, tan incierto como inexplorado.

¿ES NECESARIO REVISITAR EL PASADO?

Entusiasmo, del griego *enthusiasmus*, significa tener a dios dentro (*en-theos*) Ese es precisamente el tipo de energía que necesitaremos para afrontar el futuro. La melancolía, en cambio, además de ser incompatible con esa viveza o ilusión de la alegría, nos obliga a detenernos y a mirar el pasado.

Es el equilibrio entre reconciliarnos con el pasado –a pesar de todo– y mantener intacta la capacidad de ilusionarnos con el futuro –a pesar de todo–, el lugar al que debemos aspirar.

Al final parece que en la vida todo se reduce a "hay que saber". Ese será el punto exacto de equilibrio. Lo bueno es que no hay que saberlo todo, pero sí hay que saber al menos un poco, o al menos "lo justo": hay que saber cuándo irse, y por supuesto saber cuándo quedarse. Pero también hay que saber cuándo regresar. A veces es necesario volver a los lugares del pasado, aquellos que nos construyen porque guardan nuestra memoria. Otras veces hay que ir hacia delante, a los lugares donde precisamente no tenemos memoria y podemos, por tanto, empezar de cero.

En la vida hay que saber cuándo soltar, pero también cuándo abrazar. Y, por encima de todo, cuándo abrazar antes de soltar. O abrazar para poder soltar. Hay que saber cuándo hablar, cuándo callar y cuándo escuchar. Hay que saber cuál es la frontera entre un adiós y un hasta luego. Hay que saber cuándo procede, y cuándo no. Hay que saber que hay días para bailar, y bailar y seguir bailando, y días para parar y descansar. Hay días con una energía para dentro y otros con una energía para fuera. Y hay que saberlo. Hay que saber que a veces las cosas no salen, y que a veces salen aunque no quieras. Hay que saber que no sabemos casi nada, pero que, si sabemos lo justo, la vida será bastante más sencilla. Y eso hay que saberlo.

Una de las cosas que debemos saber –o quizás recordar– es que *todos llevamos algo dentro*. No me refiero a bacterias ni parásitos. Hablo de todos esos nudos vitales que nos dificultan la digestión de los eventos del día a día. Regreso con una idea vieja –ya plasmada en mi anterior libro– pero que no me quito de la cabeza. Es una idea sencilla pero también delicada, porque creo que hasta que las personas no pongan o no pongamos atención en ser más amables, más amorosas, más alegres y más ecuánimes, y lleguemos a un momento en el que todo el mundo sepa gestionar con amor, cariño y respeto la intimidad ajena, lo mejor sería que pudiéramos ser transparentes. Ser transparentes para poder ver lo que los demás tienen dentro, para que los demás vean lo que de verdad llevamos dentro y así juzgar menos, sufrir menos también y respetar más. Ser transparentes como un cristal. Pensamos que un cristal es frágil, y la realidad es que en muchas ocasiones los cristales nos protegen, e incluso nos aíslan. De momento, y por lo general, juzgamos constantemente porque desconocemos (y parece que tampoco tenemos interés en averiguarlo) lo que la otra persona lleva dentro. Juzgamos lo que hacen y lo que no hacen los demás, y juzgamos con especial dureza cuando no cumplen nuestras expectativas, sin saber los motivos por los cuales los demás no nos (co)responden.

A lo mejor, esa mujer antipática en la tienda está herida de soledad no elegida. Puede que ese hombre que te gusta y no te corresponde esté tratando de ubicar los "restos" de una viudedad que silencia o resigna. O quizá esa persona que no te ha visto pasar acaba de recibir una mala noticia. No sé. Todos estamos llenos de sueños no cumplidos, deseos no resueltos o puede que hasta de alguna herida infectada. Y cuidado, porque, en el caso de un trauma importante, me gustaría matizar que el trauma explica, pero no justifica, que es lo que vengo a defender con estas palabras. Tampoco creo que debamos permitirlo todo, por supuesto. Caer en una complacencia absoluta hacia lo que hacen o no hacen los demás sería también otro tipo de desconexión (en este caso desde la soberbia), pero sí creo que siempre debemos dejar un espacio a lo invisible. Recuerda: *todos llevamos algo dentro*. Algo que no se ve y que se manifiesta en lo sutil.

Las cosas no suelen ser como parecen. Es cierto que suelen ser más simples, pero en muchas ocasiones también más dolorosas. Aprovecho para pedir perdón por las veces que olvidé todo lo anterior y también para decirte, si estás en una de estas –como yo misma–, que cuando llegue el momento volverás a sentir de esa forma que a veces has pensado que no volverás a sentir jamás. Ya lo verás.

La mayor parte de las situaciones de nuestra vida no son evitables, son necesarias. Aunque nos encante categorizar lo que vivimos en positivo o negativo, todo es relativo y, de nuevo, necesario. Por supuesto que ojalá pudieran evitarse ciertas situaciones, y ojalá que algunas no se hubieran dado jamás. Ojalá. Ojalá poder cambiar el pasado. De hecho, ojalá conocer el futuro. Entenderás ahora que use entonces el término "necesario". Cuando algo ha sido, o cuando algo es, ya no puede dejar de serlo, solamente queda transitarlo y recordar la rotunda sentencia sufí de *"esto también pasará"*. El dolor no se evita. El dolor se transita.

Bueno, sí, quizás exista una forma de evitar el dolor, aunque no creo que te guste. La única manera de evitar el dolor[23] que he observado después de más de dos décadas de práctica clínica es no conectar con el otro, o con la vida. *Ojos que no ven, corazón que no siente,* dice el refrán. Pero ¿a quién se le ocurriría algo así? Si hasta el Hombre de Hojalata buscaba recuperar su corazón. Cuando Dorothy encuentra al Hombre de Hojalata en el bosque, encuentra un ser oxidado, alguien que había sido humano y que por una maldición se convirtió en un ser de metal sin órganos internos ni piel. No tenía corazón, pero tampoco cerebro, ni pulmones, ni estómago. Por eso no come, ni duerme, pero, cuando tiene la posibilidad de pedir un deseo, pide

23 Dolor emocional.

un corazón. No pidió un cerebro, ni un estómago, ni unos pulmones. Pidió un corazón.

> —*¿Tú tienes cerebro? —preguntó Espantapájaros.*
> —*No, mi cabeza está bastante vacía —contestó el Leñador—. Pero en otro tiempo tuve cerebro, y también corazón. Así que, habiendo conocido ambas cosas, prefiero mucho tener un corazón.*
> —*¿Y eso por qué? —preguntó Espantapájaros.*
> —*Te contaré mi historia, y entonces sabrás.*

La historia del Hombre de Hojalata, un antiguo leñador, es horrible. Debido a una maldición se hirió tantas veces con su hacha que fue sustituyendo por hojalata todas las partes heridas de su cuerpo. Todas. Es un retrato prototípico de un robot. No come. No duerme. No se cansa. Y no siente. Pero sí recuerda, y por eso sabe qué órgano necesita:

> *Ha sido horrible, pero, en el año entero que he estado ahí quieto, he tenido tiempo de pensar que la mayor pérdida que he sufrido ha sido la del corazón. Cuando estaba enamorado era el hombre más feliz de la tierra: pero no se puede amar si no se tiene corazón, y por eso estoy decidido a pedir a Oz un corazón.*[24]

El Hombre de Hojalata pasa un año encerrado en sí mismo, oxidado y sin poder moverse, y es entonces cuando recuerda que amar —sentir algo por los demás, alegrarse por y con alguien— es lo único que importa. Recordar es esa cuerda entre el pasado y el futuro, entre la melancolía y la alegría.

---

24 *El Mago de Oz*. Edición Anotada. L. Frank Baum. Akal.

Necesitamos un poco de ambas para afrontar la aventura de la vida.

Me pregunto en muchas ocasiones, si existe realmente algo que podamos llamar "exceso de vida". John Fowles[25] lo llama *delirium viviens*, el fuego de la vida. La pasión de existir. Hace no mucho, en una sesión surgió un "diagnóstico" que todavía no he encontrado en ningún libro (todos sabemos que la realidad va siempre por delante de los libros) y que en consenso con la persona implicada vinimos a llamar "exceso de vida". Evidentemente no es un "diagnóstico" grave ni psicopatológico, ni mucho menos formal. Lo que queríamos decir, y de ahí lo maravilloso que es llegar a estas conclusiones, es que esta paciente tenía más vida de la que podía asumir. Admito que conozco a varias personas con los mismos síntomas; de hecho, creo que hasta yo misma lo padezco, y sospecho que muchos de los que estáis leyendo este libro, también. Ojo, porque el "exceso de vida" no tiene nada que ver con el estrés, pero sí con la intensidad, con el nivel del deseo, o con la carga del anhelo.

En mi caso el "exceso de vida" tiene que ver con esa sensación de *no me da la vida* para escribir todo lo que tengo que contar (y quiero contar...) para leer todo lo que quiero, quisiera y "necesito" leer..., para ver todo el cine que quisiera, para ver a todas las personas con las que me apetecería estar en lugares geográficos muy dispares... Y todo esto no es porque me falte el tiempo, que he aprendido a dilatarlo y llevarme muy bien con él, sino porque se me desborda la vida por las orillas de los días.

Asumo –y espero que tú también lo hagas– que este "exceso de vida" es un síntoma genial, porque por exceso de

25 *El Mago*. John Fowles. Ed. Anagrama.

vida nos cansamos, pero por defecto de vida nos morimos. Te invito a este lado de la realidad, al de la intensidad. Todo brilla más. Y, si compartes diagnóstico con alguien cercano, la riada de vida se multiplica.

> **Conviene recordar que en la vida no se trata de buscar o añadir lo que no somos, sino de quitar todo lo que nos sobra y que no nos permite ser nosotros mismos.**

Un exceso de pasado puede no hacer sitio a lo que viene en el futuro. La melancolía puede colapsar el presente y por eso se hace importante dar espacio a lo nuevo. En la mayoría de nuestras casas, el espacio es limitado. A veces no caben más libros, o más estanterías, o más cajas de zapatos, o más vajillas. Tenemos que deshacernos de algo para hacer sitio a una nueva adquisición. Cuando se trata de nosotros es algo más complicado, porque ¿qué partes de mí me quito? ¿Qué partes de mí dejo atrás? Cuando se trata de nosotros la pregunta es otra: ¿qué me impide ser yo mismo? ¿Qué me impide crecer? He visto amapolas abrir el asfalto para crecer en toda su belleza y con toda su dignidad. Cómo no vas a poder encontrar tú la manera de salir al mundo.

Cuenta una historia que cuando Miguel Ángel[26] recibía un bloque de mármol a partir del cual trabajar, se podía quedar durante días mirándolo, tratando de averiguar qué figura había dentro y necesitaba salir a la luz. "He visto un ángel en el mármol y lo he esculpido para liberarlo", dicen

---

26 Michelangelo Buonarroti (1475-1564)

que es la frase que Michelangelo Buonarroti dijo mientras esculpía una de sus mayores obras de arte, el David.

Ojalá recordáramos eso de ser escultores de nuestra propia vida, de nuestro propio destino. Ojalá poder mirarnos al espejo con la misma pasión, vehemencia y entusiasmo con que Miguel Ángel miraba sus bloques de mármol.

Cada día tengo más claro que la psicoterapia no tiene nada que ver con "incorporar" nada nuevo y que, en definitiva, se trata de "quitarle" a la gente lo que le impide ser ella misma. Quitarles los complejos, las creencias que les impiden sentirse seguros de sí mismos. Por supuesto, quitar es aquí sinónimo de resolver, y "quitando" resolvemos traumas, inseguridades y miedos. Quizás así lleguemos a reconciliar el vacío con la satisfacción, la alegría con la melancolía.

A menudo la gente confunde una vida plena con una vida llena. Sé muy bien que a veces puede ser una cuestión lingüística (como ya comenté, en catalán, por ejemplo, *llena* se dice *plena*), pero pleno no es lleno. La necesidad de llenarlo todo –de llenar el silencio de ruido, el cuerpo de comida, el armario de zapatos, la soledad de sexo compulsivo– habla de un miedo al vacío, y quizás sea precisamente en ese vacío donde poder escuchar el eco de nuestros pensamientos y recordar lo que necesitamos de verdad.

Hay personas que viven en una "prórroga" constante. El miedo al futuro, la falta de alegría, y un exceso de melancolía les impiden afrontar el presente. No afrontan lo inevitable, y así van "ganando" tiempo. Vivir así es inasumible, porque las prórrogas nos resuelven nada, simplemente dilatan el tiempo de encuentro con aquello que se está tratando de evitar.

No sé si existen vidas perfectas, pero sospecho que no. No dudo que existen momentos perfectos en vidas casi perfectas, pero dudo que exista una vida perfecta puesto que no somos tan libres para elegir como creemos. Escribo estas líneas desde un hotel, en eso que viene a llamarse una gran ciudad. Es grande porque tiene varios millones de habitantes y porque ver a alguien que vive en la misma ciudad puede implicar hasta una hora de coche o tren. No suele haber mucho verde en estas ciudades. Abro las cortinas de la habitación y, enfrente, un edificio de oficinas, acristalado y sin cortinas, me permite ver el ritmo frenético de las personas que ahí trabajan, aunque todavía no sean las 8 a. m. Lo primero que pienso es "qué horror"; supongo que porque he pensado en mi consulta con vistas al río y los desayunos con mi hijo, o los paseos por el bosque con Clarice antes de ir a trabajar. Pero luego, enseguida, he pensado: "Bueno, pero igual ellos el domingo no trabajan, y yo sí. O quizás ellos tienen unos derechos que yo, como profesional autónoma, no tengo". Esto lo escribí un viernes. El sábado, a la misma hora, hago el mismo gesto de mirar por la ventana el edificio de oficinas, que hoy están cerradas. Yo tengo 10 h de clase que daré encantada, y mañana, domingo, seguiré contando cuentos en forma de clase, mientras alguien limpiará esas oficinas para que el lunes la rueda vuelva a ponerse en marcha.

¿Cuántas semanas así? ¿Cuántos *días de la marmota* tenemos por delante? ¿De verdad la vida es vivir en dos atascos diarios de camino, a las 8 a. m. y a las 17 h? ¿Era eso la vida? Porque, si es así, es muy difícil conectar con la alegría y muy fácil dejarnos arrastrar por la melancolía que encierra todas las vidas que no han sido, que no fueron.

No obstante, en la mayoría de los casos, volver atrás, volver a "ayer", vivir la vida mirando siempre el retrovisor (aunque eso implique el riesgo de chocarnos con lo que hay delante), significa ponerse a salvo. Por lo general, el pasado es un lugar seguro para muchas personas, por muy difícil que fueran las cosas, ya que es el lugar que se conoce, la vía que ya transitamos. Es una carretera que conocemos bien, sabemos dónde están las áreas de descanso y las gasolineras. Es muy lógico querer volver a los lugares conocidos. Y, de vez en cuando, necesario.

Se trata de volver a "ayer", y entiéndase por ayer cualquier recoveco de nuestro pasado. Volver a "ayer" para hablar con esa persona. Para volver a acariciar a nuestro perro, o a nuestro gato… Volver a ayer para, aunque sea de lejos, observar a nuestra madre, o a nuestro padre. A nuestra hermana, o hermano. Para jugar con el bebé que fue nuestro hijo, o para reconocer en nuestro rostro la ignorancia por "todo lo que vendría después". Volver a ayer para decir esa palabra, volver con lo que sabes hoy para cambiarlo todo sin cambiar nada, porque el saber todo lo cambia, al tener la conciencia de que aquella era la última vez, la última palabra, el último abrazo. Eso lo cambia todo. Volver a ayer, no para regocijarte en el dolor, pero sí para coger impulso en el amor. Dicen que revisitar el pasado nos colma de tristeza, pero eso es si te quedas a vivir en él y si no sabes por qué lo visitas. Asomarte a él puede llenarte de recursos, pues al final ya sabemos que aprender es recordar, y recordar es revisitar lo que fue.

Hay días, y muchas noches, que yo también necesito viajar al pasado, y, aunque mi presente me aleja a marchas forzadas de él, no me duele, más bien le da sentido a lo de hoy, y especialmente le pone luz a lo de mañana, porque, aunque parezca un sinsentido, los recursos con los que afrontaré lo que sea que viene siempre serán los del pasado.

"Yo escribo sobre la melancolía para permanecer ocupado y así evitar la melancolía", escribió Burton en su monumental

Anatomía de la melancolía, y me parece una gran idea. Visitar la melancolía es en ocasiones una buena idea; quizás no lo sea tanto quedarse a vivir ahí. La melancolía nos abraza una tarde lluviosa de domingo, o cuando hemos visto a un viejo amigo que nos ha traído un montón de recuerdos que guardamos en un cajón de ese desván que es nuestro inconsciente. Quedarnos demasiado tiempo nos secuestra, y nos ahoga.

Soy de aquella generación traumatizada por la pérdida de Artax, el caballo de Atreyu, protagonista (junto a Bastian) de *La historia interminable*. Artax muere en el Pantano de la Tristeza. "Artax, por favor, no dejes que la tristeza del pantano te llene el corazón. Yo te sostendré, no dejaré que te hundas, estoy aquí y eres mi amigo... Te quiero".

Cuando lees esto con nueve años no puedes ser la misma persona, algo hace clic dentro. Después llegó la película y todos los de mi generación pudimos poner rostro a Atreyu y ver la agonía de Ártax. "No dejes que la tristeza del pantano te llene el corazón", podría ser la frase que deberíamos repetirnos una y otra vez. Podemos asomarnos al Pantano de la Tristeza, quizás meter los pies, pero nunca bañarnos en él.

Pequeñas dosis de melancolía podrán ser, entonces, necesarias. Grandes dosis de alegría, imprescindibles. Y, aunque ya hemos visto los peligros de una felicidad sustentada en los pilares del verbo tener, la felicidad cotidiana puede darnos mucha paz, y devolvernos al presente, a esa cuerda por la que caminamos como funambulistas entre el pasado y el futuro, entre la melancolía y la alegría.

Esta fue otra de mis pequeñas encuestas de proximidad a mis seguidores en Instagram. Esta vez, la respuesta fue abrumadora. Gracias a todas y todos los que me regalasteis unos minutos y una respuesta. "¿Dónde encuentras la felicidad en lo cotidiano?" fue mi pregunta. Y en la pregunta está implícita la clave, porque cuando a la palabra *felicidad* le añadimos *cotidiano*, le devolvemos su esencia amable y la sacamos del verbo tener, que ya hemos visto que es quien tiraniza y obliga a vivir la felicidad desde el lugar incorrecto.

> **Conectar con la belleza de lo cotidiano puede permitirnos experimentar la belleza de la ausencia.**

Algunos ingredientes de la felicidad cotidiana:

Un café recién hecho. Una ducha caliente. Pasear con mis perros. Mañanas sin prisas. Cuidar mi huerto. Moler café. Regresar a casa después de un día de trabajo y que estén todos. Desayunar despacio y en pijama. Leer. Leer al lado de la chimenea. Otra vez un café recién hecho. El silencio acogedor cuando mis hijos se quedan dormidos. Recoger a mis hijas en el cole o en la guarde. El beso que me da mi chico cuando voy al trabajo. Otra vez el olor al café. La cena. Mirar por la ventana y ver la vida al otro lado. De nuevo una ducha caliente.

Y así cientos de respuestas que comparten la calma, la lentitud y la contemplación.

Encuentro mucha felicidad en unas botas de agua para saltar libremente por todos los charcos que hay en el camino, después de unos días de lluvia, con la impunidad que regala la impermeabilidad. O en correr bajo la lluvia, fundiendo el agua del cielo con la que segrega tu cuerpo. Ambas desaparecerán bajo la mágica ducha de agua caliente de después. Los maravillosos paseos con mi perra. Una llamada de teléfono con mi madre cuando la veo ilusionada o sorprendida por algo bueno que le ha pasado.

La verborrea maravillosa de mi hijo, puro entusiasmo y alegría. Su cara antes de embarcar a un nuevo destino y su cara al aterrizar. La risa de mi pareja, extrema y generosa, exactamente como él. Los silencios que compartimos cuando creamos juntos, cada uno en su mundo, pero en una mesa compartida. El placer de comer unos higos secos (con una nuez dentro) como avituallamiento en una larga caminata por el monte. Jugar con mi perra en una playa infinita, o jugar con todos los palos del camino. Usar mi opinel, que tantos buenos recuerdos me trae. El primer trago de cerveza. El placer de despeinarse. De mancharse y caminar descalzo siempre que tienes ocasión. Pedalear en tu bicicleta con el afán de pasear y descubrir (y no de cronometrar o competir…) la vida en una aparente línea recta. Salir de casa con la expectación de cazar serendipias, señales y sorpresas con la misma ansia que motiva al buen fotógrafo el día que intuye que va a "encontrar" una gran fotografía. El placer de dejarse sorprender por lo inesperado.

> **La gente está obsesionada**
> **con la búsqueda de la felicidad,**
> **cuando a lo que deberíamos aspirar**
> **es a la facilidad.**

Sobrevaloramos *lo de antes*, llegándonos a creer de verdad que "cualquier tiempo pasado fue mejor", pero es un gran riesgo, porque "aquello" es lo que nos trajo a "esto". No se trata de "ir al antes", sino de ir a "lo de luego", a lo siguiente. Hay más alegría en crear que en recrear, en hacer de nuevo que en volver a lo viejo; porque, si lo piensas bien, fue precisamente aquello lo que nos trajo a "esto".

Siempre hay una versión más fácil de aquello que vivimos. Búscala. Te reto a encontrar nuevas formas de estar en el mundo.

Se nos va la vida echando de menos lo que no es.

He escuchado a muchas mujeres decir que echaban de menos su *vida de antes* (la de antes de tener hijos, la de antes de tener pareja, la de antes de tener ciertas responsabilidades profesionales), sin darse cuenta de que toda la vida vivida hasta hoy es, en realidad, *la vida de antes*.

Echamos de menos un café en calma en la cocina, porque el ruido de nuestros hijos pequeños no nos permite esa calma, y años después echamos de menos el ruido que hacían nuestros hijos porque el silencio nos resulta atronador. Echamos de menos el silencio y cuando tengamos el silencio echaremos de menos el ruido. Echamos de menos dormir cuando después echaremos de menos aquellos tiempos en los que no necesitábamos dormir. En muchas ocasiones la melancolía es a lo que podría haber sido y no fue.

Páginas atrás hablamos de cómo Parcival desaprovechó la oportunidad de salvar al Rey Pescador por no hacer las preguntas correctas. No vamos a caer en el mismo error. Por eso es el momento de detenernos y hacernos las preguntas correctas que permitan el recalibrado o el reajuste de tu ruta en el camino de vuelta hacia quien realmente eres.

¿Te gusta tu vida?

¿Vives la vida que te gustaría vivir?

¿Te gustas?

¿Eres la persona que soñaste ser?

¿Hasta qué punto te pareces a ella?

He leído por ahí que, en la vida, únicamente hay dos personas a las que rendir cuentas. Al tú de 8 años y al tú de 80. ¿Cómo saldrías de ese ajuste? ¿Tu yo de 8 años se sorprendería, se alegraría o, por el contrario, se asustaría? Y tu yo de 80 ¿se sorprendería, se alegraría o por el contrario se entristecería? Estés en el kilómetro de tu vida en el que estés, estás a tiempo de conseguir que tus dos versiones, la guardiana de la melancolía y la escolta de la alegría, puedan mostrarte esa sonrisa de orgullo que tantas veces tú te niegas. La vida empieza hoy. Ahora. Aprovecha esta oportunidad.

CUANDO LO QUE NO ES, SOY YO: LA NOSTALGIA DE UNO MISMO

Estoy afuera con linternas,
buscándome a mí misma.

EMILY DICKINSON

"No he podido ser auténtico". "No sé qué tengo dentro". "Podría ser más de lo que soy". "Yo no soy esto". "Es lo que hay, la vida ha venido así". "Todo en mi vida es una obligación". Todas y cada una de ellas son (escalofriantes) frases reales que se escuchan un día de terapia cualquiera. La resignación está a la orden del día. Nunca será considerada una patología, pero creo que comparte muchas con otros trastornos reconocidos por los que la gente sí suele buscar psicoterapia.

La considero una enfermedad silenciosa que va carcomiendo los lugares seguros dentro de cada uno. La resignación puede llegar a crear una falsa percepción de control sobre lo que es ("es lo que hay…"), y como un barco sin rumbo puede llevarnos a naufragar en el océano de la indefensión, ese terrorífico lugar donde la única tierra firme es el islote del "haga lo haga, ya no podré cambiar nada" o del "podría haber sido peor", dicho más bien como un intento de autoconsuelo, más que de gratitud o relativo optimismo. La resignación es la llave de la desesperanza y, de algún modo, el principio del final, que afortunadamente podemos evitar si encontramos el camino de regreso a casa.

VOLVER A VOLVER

> *Podría contaros mis aventuras... empezando por las de esta mañana –dijo Alicia con cierta timidez–. No vale la pena retroceder hasta ayer, porque entonces era yo una persona muy distinta.*

Alicia en el País de las Maravillas. Lewis Carroll

Capítulo X. La contradanza de los Bogavantes.

La vida es, definitivamente, un viaje de ida; su propio nombre la delata: de *(v)ida*, porque, aunque consigamos volver, la persona que regresa nunca será la misma que marchó, y, además, a lo largo de una vida son demasiados los lugares a los que no podremos regresar jamás. Para empezar, no se puede volver a lo de antes, porque lo de antes es lo que nos trajo aquí, y es de donde queremos marcharnos. Y tampoco, por ejemplo, podremos regresar nunca al vientre materno, del mismo modo que no podemos regresar de la muerte. No podemos regresar a la infancia ni a hablar con los que se fueron. Tampoco podemos volver a aquel verano, ni a las noches de la época universitaria. Por eso, quizás el viaje de la vida no trata de volver a lo de antes –aunque tenemos mucho que decir al respecto– sino de, desde lo de antes, o a partir de lo de antes, recrear un nuevo escenario que habitar.

No obstante, siento que existe una excepción en la misión implícita en el verbo *volver*: volver a nosotros mismos. A ser quienes somos realmente y que, en un momento dado, dejamos de ser. Y es que quizás no podamos volver a los lugares que dejamos atrás, pero ¿quién no necesita volver a sí mismo, a su esencia? Creo que tú eres la única ausencia que podrías –y deberías– evitar. Recuerdo la maravillosa canción de Gabo Ferro, *Volver a volver*, cuando dice: "Irse es volver a volver. Y yo me iré, como el humo al aire, que no podrá volver. Me haré un tornado dulce, un perfume, una piel. Seré mi propio padre y así voy a aprender que irse es volver a volver."

> **En muchas ocasiones, irse es necesario, pero volver también, aunque siempre regresamos a los lugares de antes con una mirada nueva.**

Nostalgia es una palabra muy rotunda. La primera vez que se tiene constancia de ella es en el siglo XVII. Un joven médico suizo[27] describió en su tesis un síndrome que afectaba a muchos soldados que tenían que marchar lejos de casa. *Nostalgia* es la suma de dos términos griegos: *nóstos* (regreso) y *algia* (dolor). Es decir, la nostalgia es el dolor por no poder regresar, ese echar de menos lacerante por un regreso que no parece posible, por no poder volver a casa, y todos sabemos que casa es el origen. Es la nostalgia de Ulises por volver a Ítaca, o la de Dante por no poder volver a su Florencia natal. Imagina entonces cuando lo que no puedo hacer es regresar a mí mismo, a mí misma.

---

27   Johann Hofer, en 1688.

Volver a ti es algo que va más allá de la conexión contigo mismo. Volver a ti es una necesidad imperiosa, lo más parecido a recuperar el sentido de la vida. Quizás por eso necesitamos perdernos, para poder vivir la emoción del propio reencuentro. Quizás sea necesario llegar a echarse de menos para poder volver a la vida, para poder volver al camino.

> **Quizás, y solo quizás,
> extraviarse sea inevitable
> para permitirnos recordar.**

Me encanta la palabra *extravío*, aunque sea sinónimo de pérdida, de desorientación, de despiste o confusión. Me gusta su sonoridad, y además me evoca a las aventuras inesperadas que ocurren en las carreteras secundarias de la vida. Diría que extraviarse es necesario en algún momento de nuestra existencia, porque será lo que nos permita "recordar volver" a nuestro ser. Si no tomo conciencia del extravío, o si no hay desorientación, ¿cómo voy a recordar que tengo que volver a casa, que tengo que volver a mí?

> **Perderse es requisito para encontrarse,
> del mismo modo que irse
> es requisito para volver.**

SEGUIR EL HILO

Pero ¿cómo deja una persona de ser quien es? Afortunadamente, no somos los protagonistas de *La invasión de los ultracuerpos*[28], ni de otras tantas historias de ciencia ficción donde alienígenas o bacterias o parásitos nos roban la esencia, el alma, el cuerpo o todo junto. No. Solamente somos personas normales sometidas a un sinfín de demandas, de obligaciones, de retos y de presiones que, en el mejor de los casos, nos harán olvidarnos de nosotros mismos porque estaremos demasiado ocupados priorizando a los demás, muchas veces personas que no valorarán nuestros esfuerzos ni nuestros sacrificios.

Olvidarse de uno mismo es bastante frecuente y no demasiado improbable. La sintomatología es muy silenciosa y, por regla general, cuando alguien se da cuenta de ello, es que ya lleva mucho tiempo viviendo otra vida, no la que él o ella deseaba para sí.

El día a día con sus responsabilidades, sus demandas, la rutina y ciertos obstáculos tiende a arrastrarnos como la corriente arrastra las ramas por el río. Por eso tenemos que estar fuertes, consistentes, sólidos, no para nadar contracorriente –de esto hablaremos en el epílogo–, sino para mantenernos firmes ante las corrientes de la vida.

> **¿En qué momento crees que te olvidaste de ti mismo?**
>
> **Quizás la pregunta sería: ¿En qué momento te diste cuenta de que te habías extraviado de ti mismo, de ti misma?**
>
> **Porque... ¿cómo nos perdemos a nosotros mismos?**

---

28 Invasion of the Body Snatchers, la película con el final más impactante de la historia del cine -opinión subjetiva pero compartida-, de 1978, protagonizada por Donald Sutherland.

Tienes la respuesta, muy posiblemente, en tu bolsillo. O en tu bolso. O en la mesita. O en tu regazo. Porque la tienes en la fototeca de tu teléfono. Todos llevamos en el bolsillo un álbum de fotos con evidencias, con la huella exacta del momento en el que nos perdimos. Puedes buscar por años, o por meses, pero ahí, en algún lugar entre esos miles de fotografías y pantallazos, está la huella de la pérdida, el momento exacto en el que tu presencia se difuminó en ausencia, el momento exacto de la encrucijada, palabra que refiere a un *cruce* de destinos, pero también a un momento *crucial*.

Encontrarás ese preciso instante en tu mirada. ¿En qué momento perdió brillo, perdió alegría o entusiasmo? ¿En qué momento dejaste de hacerte fotos? ¿O en qué momento dejaste de hacerte *selfies* con tu pareja? ¿En qué momento dejaste de viajar, de leer, de ir a esa cafetería, de estar contigo? Tus fotografías guardan el momento exacto en el que te extraviaste, y, por muy duro que te resulte, volver ahí te permitirá encauzar(te) de nuevo.

Perdernos es el equivalente a soltar el hilo, ese que nos ancla a la existencia. Un barco anclado es un barco seguro. No está quieto, oscila al ritmo de las mareas, pero el ancla impide que las corrientes marinas lo arrastren mar adentro, del mismo modo que también impide que sea arrastrado hacia las rocas o hacia lo imprevisto. Nuestra ancla no es de hierro ni pesa toneladas, es bastante más sutil y mucho más ligera, y nuestra cadena es un hilo invisible que nos une a aquello que nos fija.

Podríamos decir que…

> **Nuestra ancla son las personas que amamos y la cadena de anclaje son los vínculos que establecemos con ellas.**

Por eso nunca debemos infravalorar el poder de anclaje que tienen nuestros hilos invisibles.

Hablamos de *seguir el hilo*, o de *perderlo*, porque un hilo puede ser invisible pero unir lo inevitable. Lo último que nos mantiene con vida es un *hilo de aliento*, o un *hilo de vida*, y todos, absolutamente todos, nacemos vinculados a nuestra madre con un *cordón umbilical*. *Movemos los hilos* para pedir un favor y nos *enredamos* en *tejemanejes* cuando queremos conseguir algo.

Cuenta una leyenda oriental que las personas destinadas a conocerse están unidas por un *hilo rojo*. Podemos estirarlo, acortarlo o anudarlo, pero nunca romper el vínculo que los une de por vida.

Un hilo es lo que sujeta a una marioneta con su creador, insuflándole lo más parecido a una vida propia. Es también lo que sujetó Ariadna para sostener a salvo a su amado Teseo mientras éste se enfrentó al Minotauro en el laberinto. Penélope hilvanaba hilos para tejer –y destejer– un tapiz infinito en su espera a Ulises. Del mismo modo que las Parcas hilan el tiempo y el destino de cada uno. La más joven, Cloto, hila las hebras de la vida. Láquesis mide el tamaño del hilo, y con esta medida determina cuánto vamos a vivir cada uno. Átropos corta el hilo, cortando así la vida. En otro mito, Aracne, ilustre tejedora, desafió a los dioses y despertó los celos de Atenea por su soberbia, quien la convirtió en araña.

Las arañas no usan reglas, ni un compás o un cartabón. Tampoco usan agujas de tejer, ni diseñan previamente su red en 3D. Van caminando, ellas ya saben bien por dónde, y van soltando un liquidillo que al entrar en contacto con el aire se solidifica y se convierte en hilo. Es decir, que la tela de araña es al mismo tiempo un mapa y una huella. Una trampa y una red. Casi exactamente igual que nuestros recuerdos, que nos trazan el camino de lo que somos, de lo que fuimos..., que nos sustentan y nos atrapan. Recuerda, además, que, según la luz, una tela de araña puede ser visible o invisible, y que esa es su trampa. La red siempre está al acecho, únicamente tenemos que saber mirar. No se esconde. Está siempre visible. Caen en la red los despistados. Así pasa con los recuerdos, que te secuestran cuando menos te lo esperas. No hay nada malo en ello, pero intenta no quedarte demasiado tiempo ahí.

Perder el hilo, entonces, no es una anécdota. Perder el hilo de uno mismo no será considerado nunca un trastorno psicopatológico, pero en cambio va a provocarte toneladas de sufrimiento.

Pero, entonces, ¿cuándo soltamos el hilo que nos une a nosotros mismos? Uno de los momentos donde más probable es que soltemos nuestro hilo es cuando sujetamos hilos ajenos. Muchas mujeres sienten que se olvidaron de sí mismas en la maternidad. A lo largo de la semana, en consulta, muchas me dicen "me echo de menos, echo de menos a la mujer que era antes de ser madre". Básicamente, cuando una mujer está diciendo esto, lo que realmente está expresando es que dejó de prestarse atención, y eso incluye atenderse o cuidarse. Para todas las mujeres que están leyendo esto y son madres, seguramente sean expresiones que resulten familiares, pero me gustaría señalar que no por ser común debería ser lo normativo. Para todas las mujeres que están leyendo esto y todavía no son madres, me gustaría transmitirles que esto es absolutamente evitable y que, de hecho, por encima de todas las cosas, la maternidad debería ser un espacio de fidelidad a una misma, de conexión absoluta con las propias necesidades para poder maternar desde ahí. Por supuesto que el cansancio y las noches sin dormir existen e interfieren en nuestro transcurrir cotidiano, pero eso demanda descanso, no abandono.

De hecho, la maternidad consciente puede llevarte a redescubrirte. Cuando nace tu bebé, nace también una nueva versión de ti misma que te permite resetear tu presente para conquistar tu futuro desde una mejor versión y con aprendizajes impagables de "tu vida anterior" a la maternidad.

Los padres también pueden olvidarse de sí mismos con las responsabilidades de la paternidad. La presión –silenciosa, pero presente– de ser el hombre de la casa, en muchos casos el "proveedor" oficial, hace que muchos hombres –y muchas mujeres que asumen también el rol de proveedoras mientras sus parejas están en posparto– puede hacer que uno se olvide muy fácilmente de quién era, y, lo peor de todo, de quién quería ser.

Otro momento donde soltamos nuestro hilo para sujetar un hilo ajeno es en el cuidado a personas que dependen de nosotros: hijos que crecen con necesidades especiales, padres que pierden sus propias facultades –físicas o psíquicas–, amigos, hermanos, seres queridos que necesitan de nuestra ayuda. Mención especial requieren las profesiones del cuidado, como terapeutas –psicólogos, osteópatas, fisioterapeutas, médicos, enfermeras–, y las profesiones asistenciales, como educadores o trabajadores sociales y bomberos, entre otras, porque son profesiones que requieren de muchísimo trabajo y consistencia interior, en las que la fatiga compasiva puede llevar al cuidador a ser irresponsable con su propio cuidado y salud. Por lo general, además, son profesiones muy vocacionales –si uno quiere hacerse rico no se hace terapeuta; como mucho será empresario o tendrá una empresa de terapeutas y de atención asistencial–, y la vocación nos arrastra a trabajar más horas de las que tiene el día, a continuar formándonos, leyendo, aprendiendo, para cuidar mejor a nuestros pacientes. Las profesiones sanitarias sufren con mucha frecuencia de esta fatiga compasiva que puede arrastrar muy profundo a quienes la sufren; así que si sospechas que puedes estar cerca –o inmerso/a en ella– detente y permite que los de fuera te lancemos el chaleco salvavidas, antes de que la corriente te arrastre más allá de tu esencia.

Otras personas sienten que abandonaron aspectos de ellas mismas cuando empezaron a compartir su vida con sus parejas, porque, como hemos visto, aunque la pareja es una gran oportunidad para volver a uno mismo, cuando se llega a ella desde la necesidad, perderse es más que probable, pues uno cree que para recibir tiene que merecer, y que para merecer algo hay que ganárselo. Y la vida no va de esto. No se trata de ganarnos el amor, sino de reconocernos en él; pero ¿cómo vamos a reconocernos cuando no sabemos quiénes somos?

La pregunta en este punto es: ¿nos echamos de menos a nosotros mismos o echamos de menos trozos de uno mismo? Creemos que buscamos nuestra identidad perdida, y en realidad estamos tratando de recordar algo que olvidamos en el camino, algo que perdimos. Por eso sufrimos, porque la nostalgia de quienes fuimos esconde la certeza del olvido.

> **Quizás haya llegado el día en el que tengamos que reescribir la famosa frase del Oráculo de Delfos, y convertir el adagio "conócete a ti mismo" en "conviértete en ti mismo".**

PERDER LA PROPIA SOMBRA

El trabajo de un psicoterapeuta suscita bastante curiosidad, aunque también asusta a algunas personas. Deben creer que tenemos superpoderes y que leemos la mente de la gente o algo así. *Spoiler*: es falso. Pero definitivamente sí, suscita mucha curiosidad. Y una de las preguntas más recurrentes que me hacen es sobre lo que más me ha afectado ver en consulta. Lo cierto es que, en todos estos años, me he asomado a lugares que superan cualquier ficción literaria. Algunas veces, incluso el guion de una película distópica ha quedado en film infantil si lo comparamos con algunas existencias. Cuando me hacen esa pregunta, creo que mi interlocutor espera que hable de algún trauma extremo, o de algún secreto oscuro. Pero no. Lo que más me impacta ver y escuchar son personas que se echan de menos a sí mismas. Personas resignadas a la vida que están viviendo, que está en las antípodas de la que, ya no solo hubieran deseado tener, sino la que en el fondo saben que les corresponde.

Pero ¿qué es eso de la vida que me corresponde? ¿Cómo sabe uno qué vida le espera? ¿Cómo sabemos que "es ahí"? La cuestión es vivir buscando la facilidad. Sólo existe un tú. Y, que sepamos, solamente existes una vez, porque, aunque existas más veces, no las recordarás. ¿Es fácil? Sigue por ahí. ¿Es forzado? Sigue buscando caminos más sencillos. Atención: no estoy planteando que la existencia sea puro disfrute, ni esto es una oda al goce. Es importante gozar, pero no será un verbo que salga siempre a nuestro camino, puesto que en ocasiones las cosas se pondrán feas y difíciles. Lo que planteo es que, si vivimos *demasiado tiempo* con *demasiado esfuerzo*, nos saldremos del camino de la vida. Una cosa es no disfrutar nunca y otra es vivir agotados siempre. La vida no es eso.

Resignarse es un síntoma inequívoco de abandono. Aunque la resignación se define como paciencia en las adversidades, también es conformidad. La conformidad es aguantar, pero no con valentía, sino con condescendencia, sin lucha ni espíritu reivindicativo de que las cosas puedan ser mejores. Es darse por vencido, renunciar a que puedan ser distintas, y someterse sin dar opción a la mejora, ni siquiera al cambio.

Piensa por un momento: ¿te imaginas perder tu sombra, levantarte un día y darte cuenta de que no tienes sombra? No creo que te hayas planteado esta posibilidad en ningún momento. Yo llevo pensando en ella varios años, porque leí un libro en el que esto le sucedía al protagonista. ¿Lo puedes imaginar por un instante? ¿Qué crees que pasaría? ¿Te resignarías a vivir sin ella o la buscarías por todas partes? Quizás considerarías que es algo anecdótico, y piensas que hay cosas peores que se pueden perder, como un reloj de miles de euros, el ordenador con tu tesis doctoral o tu cartera después de sacar dinero. Si te sirve mejor, piensa qué harías si perdieras ese reloj, ese ordenador o esa cartera. Ahora vuelve a tu sombra. ¿De verdad buscarías antes el ordenador que tu propia sombra? Es interesante, pero ojalá cambies de opinión. En la mitología se ha considerado siempre a una persona sin sombra como un muerto viviente, un espíritu errante. Tanto es así que, en realidad, la hora de los espíritus, la hora del día en que los espíritus campan a sus anchas entre nosotros, no es por la noche, como todo el mundo pensaría, es a las doce de mediodía. Ese sol de mediodía es la verdadera hora de los muertos, porque el sol, al estar en su cenit, durante unos instantes no proyecta nuestra sombra, y por eso los seres que no tienen sombra pueden infiltrarse entre nosotros.

Pero ¿y tu sombra? ¿Dónde está? Vuelvo a preguntarte. ¿Te conformarías o saldrías en su búsqueda?

> **En muchas culturas, la palabra para sombra y alma es la misma, por eso perder la propia sombra es perder la propia esencia.**

Puedes pensar en Peter Pan, o en Ánodos, el protagonista de *Fantastes*[29], o en tantas historias mitológicas donde la búsqueda de la sombra es el comienzo del viaje heroico. Es precisamente la búsqueda de la sombra perdida lo que le permite al protagonista volver a sí mismo.

Detente por un momento. ¿Qué te falta hoy? ¿A quién o qué echas de menos en tu interior?

Dentro de quien somos viven todos los que hemos sido. Creo que por eso todos tenemos una especie de atracción inconsciente por las matrioskas, porque en realidad no son un adorno ni un juguete: son un mapa que nos invita a preguntarnos en qué tamaño de la matrioska nos ubicamos ahora mismo. O, lo que es lo mismo, si volvieras atrás, lo importante no es ya quién cambiarías, sino desde dónde cambiarías. Recuerda que estás a tiempo de enorgullecer a tu yo de 80.

RECONSTRUYENDO EL PUZLE

Me encantan los mapas, los atlas y las brújulas antiguas. Y, por lo general, me gustan las personas, sus encrucijadas

---

29 *Fantastes*, imprescindible novela de George MacDonald. Editada en 2014. Atalanta.

vitales y sus búsquedas. Uno explora a veces entre los días, como antaño se hacía en las junglas, y una palabra marca el destino igual que un faro avisa de un peligro en la orilla. Que las personas tenemos una geografía propia es algo que conviene recordar. El problema es que hay quien hace turismo en ti; perdiéndose tus lugares desiertos e inhóspitos. Ellos se lo pierden. En cambio, hay otras personas que te conquistan. No te invaden, ni te atacan ni te asedian (si alguien te invade, te ataca o te asedia, ¡huye!), te conquistan: te seducen y enamoran. Cuando alguien te conquista, no se quedará en tus "lugares turísticos", sino que explorará rincones de tu alma desconocidos para ti. Pero hay que dejarse conquistar. Hay que abrir las fronteras y asomarse a esa vulnerabilidad que nace en ti cuando alguien te ha conquistado, o, mejor aún, cuando alguien te ha reconocido. Las personas somos lugares, definitivamente. Ambos se pueden conquistar, igual que se conquista una galaxia. El día que alguien te mire con la certeza de que ha encontrado una galaxia, ahí es.

> La cuestión es que, para que alguien te reconozca,
> antes tienes que conocerte.
> Y no puedes conocerte
> si no te prestas atención.

Del mismo modo que no podemos recordar los lugares en los que no hemos estado, no podemos conocernos si no nos detenemos a mirarnos. A cuidarnos. A atendernos.

Escribo estas líneas desde una sala de espera de un médico al que todavía no conozco, y, no sé si por deformación personal o por humanidad expandida, no puedo evitar observar a mis compañeros de espera, los mismos que en otras circunstancias podrían ser mis propios pacientes o ser yo la suya, por supuesto. Me gusta observar a las personas porque me permiten recordar cosas de mí misma que quizás, por las responsabilidades de las que hablábamos más arriba, o por cuidados ajenos, dejo a veces de lado.

Cuando observo a los demás no puedo evitar pensar en los mundos interiores –auténticas galaxias– que todos sostenemos. Yo ahora mismo sostengo un mundo encima, y otro dentro y puede que alguno que otro fuera, exactamente igual que tú. Qué fáciles son las cosas a veces (de oca en oca y tiro porque me toca…) y que difíciles se ponen en ocasiones…. Y todo en la misma partida. En el mismo lugar. En la misma vida.

¿Cómo lo gestionas tú? Yo con algo de arte, de esfuerzo, con mucha confianza en lo que es y en lo que viene y con algo de cansancio también. Pero en realidad no creo que debamos vivir pensando en todo lo que sostenemos constantemente (las ausencias también ocupan su lugar en los mundos interiores), porque eso –y sé bien de lo que hablo– también cansa, y ya hemos visto que el agotamiento nos aleja de nosotros mismos.

> **Lo que no cansa tanto es habitar el presente,**
> **habitar los lugares que vivimos.**
> **No podemos estar de paso en nuestra existencia.**

Hay momentos en los que hay que buscar lugares sin memoria desde donde empezar de cero. Existen otros en los que hay que regresar precisamente a los lugares con memoria, aquellos desde donde podemos reconstruir los retazos de nuestra historia, esa que perdimos por el camino mientras intentábamos cumplir expectativas ajenas.

La relación con nuestro pasado explica nuestro presente y condiciona nuestro futuro, por eso es importante echarle un ojo de vez en cuando, y recuerda: el pasado explica, pero no justifica.

> **Tú eres tu lugar primordial.**
> **Ombligo empieza por o, igual que origen.**

Debemos ser capaces de reconciliarnos con nuestra propia historia. Las cosas han podido ser mejores, pero también peores. En ocasiones, será necesario volver a casa, a esas personas que son hogar y que guardan la memoria de lo que fuimos, que es lo que a veces nos permite recordar lo que podemos llegar a ser.

> **No es lo mismo no haberse ido nunca de un lugar**
> **que haberse ido y regresar, y, entre medias,**
> **el viaje del héroe.**

Imagina a dos amigas que se encuentran por la calle. Dos amigas del colegio que hace décadas que no se ven. Desde la primaria, por ejemplo. Imagina que ese encuentro se da en la ciudad de origen de estas dos mujeres –antaño niñas–, que se encuentran paseando. Una de ellas no ha salido nunca de la ciudad. Bueno, sí, de vacaciones por supuesto, pero nunca ha vivido en otro lugar. Desconoce esas sensaciones migrantes como volver a casa por Navidad o irte de casa al acabar las fiestas (pocas veces hablamos de esto). No sabe lo que es estar con una apendicitis, o una neumonía, o incluso un parto, en una ciudad lejana sin personas de contacto. No sabe lo que es hacer fila para entregar los papeles del empadronamiento, ni todos esos pequeños retos a los que se enfrentó la que vive fuera, absolutamente hecha a su nueva vida, a la que únicamente se llega después de atravesar los desiertos migratorios. Estas dos mujeres, de la misma edad, con la misma impronta cultural –recuerda que han nacido en el mismo lugar y han estudiado en el mismo colegio, con los mismos profesores– llegan al presente desde dos lugares muy distintos. Una llega al presente *viniendo*. La otra ha llegado al presente *volviendo*, *regresando*. Lo que quiero remarcar con esto es que, cuando se trata de volver, no necesariamente es volver al pasado, a lo que fue.

> **Volver es regresar, y regresar es reintegrarse: ubicarse en lo de antes a partir de lo de hoy.**

Hemos dicho que la nostalgia es el dolor por no regresar, pero existe también una nostalgia muy concreta que nace cuando vemos que nuestro presente, que nuestro hogar, que lo conocido, se desmorona. Es como echar de menos el presente, echar de menos *lo que es* mientras éste *deja de ser*. Nostalgia rima con neuralgia, o con fibromialgia, o lumbalgia, porque ya sabemos que *-algia* es el sufijo que da consistencia al dolor. Todos estos dolores riman también con solastalgia.

La solastalgia es un concepto que propuso un filósofo australiano[30] hace un par de décadas. Es la suma de *solus-desolare* (desolación) y la raíz griega *-algia* (dolor). Vendría a ser algo así como el dolor por la desolación, la pena o agobio por tantas catástrofes ecológicas, como sequías,

---

30 Glenn Albrecht, acuñado en 2005.

hambrunas, inundaciones, desaparición de los glaciares. Es un subtipo de trastorno de ansiedad, un nuevo y muy concreto tipo de angustia relacionada con el cambio climático. La solastalgia es, en definitiva, "la melancolía o la nostalgia por la pérdida de un hogar, estando en el propio hogar". Una vez más, podemos hacer un doble uso de las palabras: literal y metafórico. Aplicada a nosotros, la solastalgia sería el dolor de ser conscientes de estar perdiéndonos a nosotros mismos. Es tomar conciencia "en vivo y en directo" de la desolación, y de la propia fragmentación. De ese "me siento extraña/o" ahí donde se supone que debería verme y sentirme "en casa".

El duelo al que nos enfrentamos cuando vamos envejeciendo y vamos tomando consciencia de todo lo que ya no podemos ir haciendo, asumir la pérdida de las propias capacidades, podría ser un subtipo de solastalgia, porque, al fin y al cabo, nuestro cuerpo es nuestro hogar, y aceptar su deterioro es asumir el deterioro de nuestro hogar mientras todavía lo habitamos.

No obstante, también debemos asumir que ir perdiendo partes de nosotros por el camino es necesario, porque…

> **En ocasiones tenemos que dejar morir determinadas partes de nosotros para poder llegar a ser quienes somos en realidad.**

Me pregunto: ¿nos echamos de menos a nosotros mismos o echamos de menos trozos de nosotros?

Cuando nos echamos de menos a nosotros mismos solemos huir del silencio, porque es en el silencio donde se escuchan los susurros que nos recuerdan que nos fuimos del camino. Cuando estás a gusto contigo, lo que escuchas en tu interior es música: esa es la melodía que deberíamos recuperar.

> **Por eso, cuanto más ruido busques fuera, más vacío hay dentro y más posible es que por dentro estés llena de silencio.**

Regresar a nosotros implica reducir la distancia que existe entre lo que somos realmente y lo que aparentamos. Cuanto mayor es esa distancia, mayor es el sufrimiento. A veces somos nuestros propios presos. A veces somos como un pájaro con alas mojadas: tenemos que secarlas para volver a volar, para volver a nosotros.

Conforme vamos regresando a quienes somos nos emocionamos más con todo, y con todos, porque tomamos conciencia de lo lejos que nos habíamos ido. Ya hemos visto unos párrafos atrás lo que nos hace "perdernos", pero ¿cómo encontrar las migas de pan en el camino para volver a casa? A veces será muy difícil, porque el ajuste a un nuevo modo de ser es muy crítico. Desaprender viejas formas de hacer –y de ser– es extremadamente difícil y costoso.

> **Es en lo cotidiano donde uno encuentra el camino de regreso a uno mismo, a una misma, básicamente porque lo extraordinario es volátil, y no nos lo podemos garantizar.**

¿Y si, más que perdernos, lo que sucede es que elegimos renunciar a la propia vida? ¿Realmente puede elegirse algo así? A veces, esta renuncia es una decisión consciente, absolutamente condicionada por el miedo y el vértigo a lo desconocido, porque el futuro es eso, un territorio inexplorado del que nadie ha vuelto, pero en muchas ocasiones es una decisión inconsciente que surge como respuesta a una lealtad o una forma de evitar un conflicto. Las consecuencias de renunciar –consciente o inconscientemente– a la propia vida, al propio camino o al destino propio son muy graves, pues además son transgeneracionales. Si te cuesta verlo, piensa por un momento: ¿qué pasa con los hijos cuyos padres renunciaron a sus sueños? Los padres van a intentar redirigir la ruta condicionando el camino de sus hijos. Esto debemos evitarlo, por nuestro propio bien, y por el de nuestros hijos.

Ten en cuenta que todas las personas que te has cruzado a lo largo de la vida y han esperado algo de ti, aquellas a las que tanto has querido agradar y has intentado que se sintieran bien –muchas veces a costa de ti mismo–, todas ellas lo han esperado desde "lo suyo", desde su mundo, su historia, y no desde la tuya. Para una persona dependiente emocionalmente, seguramente serás independiente. Para una persona independiente, seguramente serás muy dependiente. Si viajas de vez en cuando, para las personas que no viajan quizás eres una viajera, o un viajero, pero para los que viven de viaje eres un turista. Si no tienes pareja, para las personas que viven con una y quieren salir de esa relación eres una persona afortunada. Para las que están muy felices en su relación y creen que la pareja es el estado natural del ser humano, eres un número impar. Los demás te miran desde su filtro de la vida, así que no puedes darle tanta importancia a lo ajeno, porque su camino es el suyo, el tuyo es el tuyo. Regresa a ti, creo que te están esperando. Creo que te estás esperando.

> **No podemos permitirnos el lujo de esperar a enfermarnos o a morir para encontrarnos a nosotros mismos.**
>
> **Corremos un riesgo muy grande cuando aplazamos nuestra vida.**

¿Has sentido alguna vez ese gerundio "estoy volviendo"? Yo sí, definitivamente. Y reconocerme de nuevo (además de ver cómo personas de mi pasado me reconocían nuevamente *de vuelta*) no es que fuera sanador, fue la certeza de que ya había sanado. Dorothy sintió lo mismo cuando regresó a casa después de viajar por los mundos de Oz y vio de nuevo a su tía:

> *–¡Mi niña bonita! –gritó su tía, y la envolvió en sus brazos y le cubrió la cara de besos–. ¿Dónde has estado, por todas las estrellas del cielo?*
> *–En el país de Oz –contestó Dorothy con seriedad–. Y Totó también está aquí. ¡Ay, tía Em! ¡Cuánto me alegro de estar en casa otra vez!*

Ese "¡cuánto me alegro de estar en casa otra vez!" es exactamente lo que deberíamos verbalizar cuando volvemos a nosotros. Llama mucho la atención que, después de su regreso, Dorothy responda *con seriedad* y no con la alegría propia del reencuentro. Pero ¿por qué seriedad? Porque su viaje, su aprendizaje, su crecimiento, han sido cosa seria y trascendente. Exactamente como el nuestro.

El reencuentro con nosotros mismos pasa por abrazar nuestra diferencia, y convertirla en una virtud. Aquello que nos hace diferentes puede ser incómodo para otras personas, especialmente para aquellas que no se atrevieron a afrontar su diferencia, o sus talentos, y se quedaron muy por debajo de su potencia. Todos destacamos en algo. Todos y cada uno de nosotros somos buenos en algo. En una sociedad que no nos ha enseñado a hablar bien de nosotros mismos, reconocer que somos buenos en algo se considera un acto de chulería, pero la verdad es que todos deberíamos ser capaces de reconocer en qué somos buenos –incluso muy buenos–, qué se nos da bien –incluso muy bien– y no sentirnos abrumados ni avergonzados por ello. Ten en cuenta que, normalmente, son las personas más mediocres las que se sentirán amenazadas por tu fuerza.

Abraza tu diferencia: enamórate de tu diferencia.

Enamorarnos de lo que nos hace diferentes es, en realidad, reconocernos entre la multitud, sabernos únicos. No es egocéntrico reconocerse. Es necesario sentirnos fuertes para poder sostener las mareas de la existencia, esas que tenderán a arrastrarnos y a sacarnos de nuestro camino. Te aseguro que es abrumador el nivel de abandono al que somos capaces de llegar a someternos por no poner límites o no atrevernos a ser egoístas con tal de no hacer daño "al otro».

Permitirnos ser compasivamente egoístas puede llegar a ser absolutamente liberador. Estamos demasiado acostumbrados a priorizar al otro antes que a nosotros mismos, y quizás ha llegado el momento de revisar eso.

Nos afecta más la posibilidad anticipada de perder al otro que la certeza de habernos perdido a nosotros mismos.

Por eso, poder poner límites sin sentir culpa después de muchos años priorizando a los demás será un indicador indiscutible de que has vuelto a ti, de que *has regresado* y te estás *reintegrando*. Otro de los indicadores de regreso es que disminuye –hasta casi desaparecer– la reactividad, y te conviertes en una persona que *responde*, y dejas de ser una que *reacciona*. Otro será entender que el tiempo no se pierde, que el tiempo se invierte, y que, en realidad, ni las cosas malas son tan malas ni las buenas tan buenas, ya que la vida tiene mucha maestría en confrontarnos a lo oportuno y a lo necesario.

Evidentemente que hay cosas malas en la vida y otras buenas, pero recuerda que todas nos dan la posibilidad de aprender y confrontarnos con aspectos durmientes de nosotros mismos.

El caos, sea personal, emocional o sentimental, nos da la oportunidad –aunque muchas veces parezca lo contrario– de encontrarnos, o incluso de reencontrarnos. Me recuerda a otra maravillosa canción de Gabo Ferro, *Volví al jardín*, cuando dice "cuando te fuiste, volví al jardín / que había descuidado de tanto ir. (…) Cuando los ojos se abren / vuelve el jardín". Algo que vivimos como uno de los peores momentos de nuestra vida –una ruptura, un divorcio, un despido inesperado, una decepción– se delata más tarde como el campo de cultivo del resto de nuestra existencia. Ya dejó escrito Nietzsche que era necesario tener un caos dentro de nosotros para dar a luz una estrella fugaz.

Al final, el encallamiento no es no saber lo que me pasa o no saber qué hacer con lo que me pasa. No. El encallamiento, o esa sensación tan común de estancamiento, se da cuando *sé lo que me pasa, sé bien lo que debería hacer, y no lo hago*. Aquí tienes un montón de pistas para desencallarte.

Conozco a demasiadas personas que tienen su vida retenida, en una espera perpetua a *no se sabe qué*. Cuando llegamos a ese punto, la vida se convierte en algo denso, puede que muy denso. Son momentos en que, como hemos visto, podemos estar especialmente agresivos e irascibles, y es que, por lo general, tener asuntos pendientes no nos sienta nada bien, así que imagina cuando uno es su principal asunto pendiente. No hay nadie que responda al abandono de sí mismo con dulzura, te lo aseguro. Como psicoterapeuta, hacer que el paciente se dé cuenta de esto es para mí uno de los momentos más difíciles e incómodos –e igualmente inevitable en muchos casos–, porque sabe perfectamente lo que debería hacer o estar haciendo, pero no lo hace, y esa rabia sobre lo pendiente no va a ser gratuita, ya que se cobrará un precio muy alto volcándose fuera. Esta rabia la va a volcar sobre los demás, no tengas ninguna duda –normalmente no lo hacen sobre uno mismo–, y por supuesto sobre el propio terapeuta, que es muchas veces quien se asoma primero a los abismos interiores. Por eso, si te vienes notando especialmente irascible o irritable, date tu tiempo, y mirándote a los ojos pregúntate –y respóndete–: "¿Qué no estoy afrontando últimamente?".

> **Posponer lo inevitable no suele ser una buena idea.**

El caos va a invitarte a posponer las cosas importantes de la vida. Hazte un favor: presta atención a todo lo que estás dejando de hacer por ti. Date cuenta de todo lo que no estás haciendo en estos momentos por priorizar a otros. Estoy de acuerdo contigo en que hay periodos en los que tenemos que aparcar ciertos deseos y ciertas ilusiones, porque no toca, pero déjalos a la vista, no los entierres demasiado, aunque ahora no puedas realizarlos. Ese viaje, esos estudios, ese proyecto…, es posible que no sea ahora el momento de realizarlos, pero no los pospongas demasiado tiempo, no tenemos muy claro de cuánto tiempo hablamos cuando se trata del futuro, ya lo hemos visto en otro capítulo. Piensa que los anhelos no cumplidos van a venir a buscarte tarde o temprano. El día que menos lo esperes, todo lo que has dejado de hacer vendrá a pedirte cuentas. Y ese día, el día de la reválida existencial, la vida te abrirá dos caminos distintos en tu encrucijada particular; por un lado, el camino de la vida en coherencia (¡felicidades!), y, por otro lado, la ruta de la vida no vivida (¡lo siento!).

Del mismo modo que cuando nos ocurre algo grave encontramos la belleza y la ilusión en las cosas pequeñas y cotidianas, es desde las decisiones más nimias desde donde nos jugamos la trascendencia y lo importante de la vida. Si lo piensas, se necesita muy poco –solamente una palanca– para que las vías del tren se bifurquen. Si te fijas, se necesita muy poco –solamente una microdecisión– para que tu vida se bifurque y se divida en la que debes vivir, que es la vida que te espera, y la que vives, que es la que posiblemente alguien te impuso. Esta última opción te llevará, inexorable, al vacío.

Muchas veces deberemos volver al momento en que el camino se bifurcó (esa fotografía en nuestra fototeca en la que nuestros ojos dejaron de brillar). Volver a cuando todo "se torció", o se desvió…, el momento en el que se abrió otro camino. Los cabalistas hablan de la rectificación, el *tikún*, la razón por la que encarnamos. Es la posibilidad de rectificar y reparar aquello que hicimos mal. Podemos rectificar de forma personal, pero también de forma social. Es una palabra demasiado inmensa para resumirla en un párrafo, y, de hecho, no es lo que pretendo, pero me emociona pensar que las personas tenemos en todo momento la capacidad de rectificar aquello que no salió bien, aquello que no supimos hacer mejor. Me emociona saber que, en todo momento, tenemos la posibilidad de un reajuste, y que incluso nacemos para ello.

Hace sólo unos días, precisamente cuando empecé a escribir este capítulo, en una preciosa cafetería de la ciudad en la que vivo –también preciosa– me dieron con el café una tarjeta con una frase. Decía así: *Si te equivocas de tren, bájate en la estación más cercana. Cuanto más tardes en bajar, más caro será el regreso.* Me resultó una hermosa e indiscutible sincronicidad. Justamente de esto hablamos cuando hablamos de rectificación, y de volver al momento en el que nuestra vida se bifurcó, y de lo importante que es verlo a tiempo. Continuar el viaje de la vida en el tren equivocado una vez te has dado cuenta del error te aboca al abismo del vacío.

El vacío es esa ausencia que te engulle. Una gran psicoanalista me hizo ver que *vacío* empieza por v, como *voracidad*. Es necesario encontrar un espacio donde nutrirnos, y, nutriéndonos, llenar esos vacíos abisales. Pero ¿nutrirnos cómo, de qué?, puede ser que te estés preguntando… Pues dependerá de cada uno, ya que, del mismo modo que cada uno tiene sus déficits nutricionales (unos los tienen de omegas, otros de proteínas y otros de Vitamina D, por ejemplo), cada uno tenemos nuestros propios *déficits nutricionales existenciales*, y el déficit puede ser en lo social, en lo intelectual o en el mero y a la vez necesario hecho de sentirnos útiles. Así que identifica tu carencia –rima con ausencia– y satisfácela. ¿Qué sientes que necesitas alimentar en este momento de tu vida? ¿Qué dejaste de nutrir en ti? Quizás sea tu vida social, o quizás la sentimental, o tal vez estás sedienta o sediento de retos profesionales o intelectuales. Ve a por ello.

> **Deja de vivir demostrando**
> **y empieza a vivir mostrando.**

Regresar a ti, volver a ti, tendrá otro efecto impagable en tu mirada sobre el mundo, porque por fin estarás habitando tu propia existencia. Si te pregunto: ¿recuerdas aquellas vacaciones en Bolivia? O ¿recuerdas el viaje a Yemen? La respuesta –tan sencilla como decir sí o no– dependerá de si has estado allí o no. La cuestión, simple e indiscutible, es que no podemos recordar los lugares en los que no hemos estado, ¿verdad? Seguramente ahora entenderás por qué hay tantas personas que no recuerdan su propia vida.

> **No podemos recordar nuestra propia vida**
> **si no la habitamos.**

Al final, todo se deja atrás, es cierto. *Esto también pasará*, decía el cuento persa. Dejarás atrás aquella ruptura que te partió en dos, y aunque te parezca increíble volverás a amar. También los momentos de desesperanza y de desilusión. Y las preocupaciones económicas de hoy. Los momentos de incertidumbre por todo lo que no sale como deseas, o como debería, también quedarán atrás. La herida lacerante de hoy se convertirá en cicatriz. Lo que sientes por esa decepción, por la mentira que nunca imaginaste y que por supuesto no viste venir, también lo dejarás atrás. Las cosas, aunque ahora te parezca inverosímil, se irán matizando. Algunas se resolverán muy favorablemente para ti, otras puede que no tanto, pero quedarán atrás, porque aprenderás a relativizarlas, a darles el valor justo en la medida en la que tú aprendas a darte tu propio valor.

Nada es para siempre, hemos dicho. Ni lo bueno ni lo malo.

En tu viaje de *(v)ida*, dejarás atrás lo que ya no necesites. Pero cuídate de no perder tu sombra, de no perderte a ti.

Somos una amalgama entre recuerdos e intuiciones, entre certezas y potencialidades (y posibilidades), pero ante todo somos un cúmulo entre lo que intuimos que seríamos y lo que nos hicieron creer que éramos. Solamente pregúntate: ¿los caminos no elegidos fueron no elegidos por presión ajena o por miedo a la verdadera potencia? Ahora que lo has entendido, regresa al punto de partida y reinicia. Tienes esa oportunidad.

EPÍLOGO:
CUANDO LA RENDICIÓN
ES LA SALVACIÓN

"Fluir en la vida quiere decir aceptación:
dejar llegar lo que viene, y dejar ir lo que se va".

NISARGADATTA

A veces, sin pretenderlo, somos soberbios. El nuestro es el Pecado de Hybris: la arrogancia de creernos capaces de evitar lo inevitable, o de eludir lo ineludible, como si eso fuera posible. Si has leído algo de mitología griega te sonarán las amenazas o los castigos constantes que los dioses disparan sobre los mortales, sobre los semidioses o entre ellos. Lo que los dioses castigan no es otra cosa que la insolencia o la soberbia de los humanos que juegan a ser dioses, porque para éstos la inmortalidad, la omnipotencia y la fuerza son sólo para ellos. Así, entre muchos otros, castigaron a Sísifo, por sortear la muerte en dos ocasiones, a Prometeo, que les robó el fuego, y a Aracne, por autoproclamarse la mejor tejedora del reino, lo que molestó soberanamente a la Diosa Atenea, que la convirtió en araña.

Los dioses griegos no castigan la aventura ni el anhelo, y sí la soberbia o arrogancia. La persona que comete hybris es culpable de querer más de la parte que le fue asignada en la división del destino, y eso, para los dioses, es imperdonable. En nuestros tiempos, y en nuestras casas, quizás los dioses no tengan mucha maniobra de castigo, pero sí la tiene la propia vida, que siempre, absolutamente siempre, va a devolverte a tu cauce, a recordarte las veces que haga falta que lo ineludible es irremediable. Y que lo inevitable no puedes evitarlo –de ahí su nombre–.

Una vez más, conviene recordar que no podemos confundir la resignación con la aceptación, pues, aunque ambas implican la aceptación de lo que no está bajo nuestro control y, de algún modo, ambas lidian con el abandono, son distintas.

> **En la resignación abandonamos la acción.**
> **En la aceptación abandonamos la lucha.**

Lo que nos queda entonces es la rendición: la absoluta rendición a lo que no se puede ignorar ni evitar. Rendir es un verbo inmenso, e intenso, que cambia absolutamente de sentido si lo usamos como verbo pronominal –rendirse– o no. Me encanta este matiz, porque nos lleva muy dentro de nuestro sentir: los demás pueden pedirte que te rindas, pero en última instancia serás tú quien hinque la rodilla y entienda que rendirse es, en muchas ocasiones, la mejor opción. Siempre me ha llamado la atención que el mismo verbo –rendir– se utilice para la aceptación de la derrota (*se rindió*) y para dar fruto o rendimiento (*rindió muchísimo; rinde mucho en condiciones adversas,* por ejemplo).

En nuestra sociedad, la primera impresión del verbo *rendir* no es positiva, porque en una época tan enfocada a la producción y al rendimiento (que como hemos dicho también es rendir) se considera un fracaso, pero no hablamos de eso. En realidad:

> **Rendirse es aceptar.**
> **La aceptación, que tantas personas confunden**
> **con la resignación, es lo más parecido a dejarnos**
> **llevar por la corriente de la vida.**

Lamento decirte que no somos salmones, y que no estamos hechos para nadar contracorriente. Los salmones también *vuelven*, es cierto, porque de adultos regresan a desovar al lugar en el que nacieron. Es como si deshicieran el camino de su vida para volver a casa, y nosotros, aunque de algún modo también volvemos, tal y como vimos en el capítulo anterior, no podemos –ni podremos nunca– deshacer, solamente podemos reintegrar lo vivido.

Lo que nos queda a los humanos es, sin duda, dejarnos llevar por la corriente de la vida integrando todas las vivencias, los aprendizajes, lo que queremos repetir y lo que no.

Pero ¿qué es rendirse? ¿Es ceder o es adaptarse? ¿Es abandonarse, resignarse o aceptar que la lucha sale de tus dominios? ¿O es todo eso? Llevo mucho tiempo pensando en esto. En la cantidad de veces que he escuchado que rendirse es abandonarse y perder, y también en las pocas veces que he observado que implica un abandonarse a algo más grande, a una corriente existencial que te arrastra. Pero nadie dice que sea hacia un sitio peor, aunque tanta gente lo crea. ¿Y si rendirse es ganar? ¿Y si rendirse es aceptar de una vez por todas que no somos salmones y que lo de nadar contra corriente no es lo nuestro?

El verbo *rendir* es un verbo formidable. Es impresionante asomarse a todos los mundos que se abren en sus letras.

Deriva de *reddēre*: devolver o entregar. En una de sus acepciones (tiene trece) es derrota; en otra es subyugar, pero también es restituir o dar credibilidad. Es cansarse, pero también es hacer las cosas con cuidado. Es admitir la realidad. En una de sus acepciones es entregar. Y yo, al menos en este momento de mi vida, me quedo con esta.

¿Y si rendirse es entregarse a lo que venga? Pues entonces me rindo, y deseo que tú también lo hagas llegado el momento. Rendirse *a la* batalla no es lo mismo que rendirse *en la* batalla. La primera es una forma de honra, la segunda es desaprovechar una oportunidad de "cambio de pantalla", y va a provocarte una gran tensión y mucho sufrimiento.

> **La tensión es el efecto natural
> de la resistencia a cambiar.**

Pero, en realidad, ¿contra qué nos resistimos? Nos han insistido mucho en que tenemos miedo al fracaso, pero ¿y si tenemos miedo al éxito?

¿Qué has sentido al leer esta última línea? A mí, como psicóloga, me educaron en la creencia de que los seres humanos tememos el fracaso, y me enseñaron que somos capaces de grandes aspavientos existenciales con tal de evitar equivocarnos o quedar mal. Es lógico, y en realidad es bastante frecuente, pero mi experiencia clínica como psicoterapeuta, y también como psicóloga del deporte, me ha enseñado que las personas tenemos, por lo general, más miedo al éxito que al fracaso. ¿Cómo puede ser que temamos que las cosas nos vayan bien, o incluso muy bien? Muchas personas se hacen esta pregunta cuando comparto esta reflexión. En realidad, no tememos que las cosas nos vayan bien, pero sí tememos –la mayoría de las veces inconscientemente– las consecuencias de que las cosas nos vayan bien.

Si lo piensas por un momento, el hecho de que las cosas sigan como están o vayan mal no implica un gran desembolso de decisiones, pero, en cambio, son muchas las decisiones y los cambios que plantea nuestra vida cuando el giro vital es a favor.

El miedo al éxito es, en realidad, el miedo a los propios talentos, a las propias virtudes, a la propia capacidad. Una vez más, estamos asomándonos a la arrogancia de creer que podemos evitar lo inevitable, porque, si lo piensas bien, ¿quién puede huir de sí mismo, de los propios talentos? Jonás lo intentó, y fracasó, por eso da nombre al miedo al éxito: Complejo de Jonás[31]. Este Jonás es el mismo profeta del que ya hablamos unos capítulos atrás, y que, por tratar de huir de lo inevitable, estuvo tres días –y sus noches– reflexionando en el vientre de una ballena.

Jonás nos recuerda que el ser humano también es capaz de temer su grandeza, y en especial las consecuencias de la misma, pero también que no podemos huir de nuestro propio destino. No podemos negar nuestras capacidades ni nuestra esencia. Es cierto que las personas parecemos desconocer nuestro destino, pero todas tenemos "pistas" sobre nuestro camino y, especialmente, certezas sobre nuestra esencia, sobre lo que es esencialmente nuestro. Todos y cada uno de nosotros tenemos, especialmente a partir de cierta edad, un estilo, una esencia, una personalidad que delimita lo que nos gusta y lo que no, lo que "nos pega" y lo que no, lo que queremos hacer y lo que no. Contrariar o ignorar nuestra esencia va a provocarnos una fuerte crisis personal,

---

31 Concepto acuñado por Abraham Maslow.

equivalente a la tormenta que asoló a Jonás en alta mar, y los tres días y las tres noches en el vientre de la ballena serán nuestra noche oscura del alma.

Tener éxito –y ser uno mismo es el gran éxito de nuestras vidas– implica una mayor exposición, y ésta implica juicio y prejuicio, aunque posiblemente ahora dispongas ya de recursos para identificar los comentarios envidiosos y puedas, además, descifrar toda la información que esconden. No es cómodo exponerse a la mirada de personas que no tienen su trabajo interior realizado, y están por todas partes. Tener éxito –y vivir en coherencia es un gran éxito personal– implica mirar de frente el merecimiento y la revisión de tu propia valía. Tener éxito –y dormir sin preocupaciones sería un nivel de triunfo al que todos deberíamos aspirar– comporta gestionar la culpa y el remordimiento por sentir una alegría vital que no todo el mundo siente, y que puede despertar emociones ajenas que no serán necesariamente cómodas.

Me pregunto, entonces, si tener este tipo de éxito –ser uno mismo, vivir en coherencia y sin preocupaciones– no será nuestro destino. Otra vez el destino, lo inevitable. El cauce de nuestra existencia, o nuestro propio sendero de baldosas amarillas.

Permitirnos vivir en coherencia con nuestro cauce existencial, sin luchar contra la corriente, es el resultado de vivir con consciencia, escuchándonos y cuidándonos. Para lograr eso tenemos que ser conscientes de las decisiones que tomamos, por muy pequeñas que sean.

Sísifo, uno de los mortales castigado por pecado de Hybris, era un viejo rey de Corinto, en Grecia, que consiguió algo que pocos consiguen: toreó a la muerte en un par de ocasiones. Y los dioses, soberbios y vengativos, no se lo perdonaron. Por eso, cuando finalmente murió de muerte natural, fue castigado "de por muerte" (supongo que en el mundo de los muertos no se puede decir "de por vida") a subir una piedra a la cima de una montaña, pero, al llegar, esa piedra caía ladera abajo, y así la condena de Sísifo se convertía en eterna. Hay quien dice que esa piedra es el sol, que se levanta y cae cada día, pero también que es la vida, con sus responsabilidades y obstáculos, que pesa y nunca se detiene. Siempre me ha conmovido este mito, y la imagen de un hombre desnudo sosteniendo esa piedra me oprime el corazón. He conocido varios Sísifos –y *Sísifas*– en esta vida. Personas que no sólo sortearon a la muerte en escenarios improbables, sino también atrapadas en bucles imposibles, difíciles, a los que se enfrentaron de forma heroica del mismo modo que Sísifo se resignó al castigo de los dioses. Pero no me preocupan tanto como otras, que no arrastran ninguna piedra inmensa ladera arriba, sino que pasean con una pequeña piedra en el zapato. Personas como tú y como yo que a lo mejor no conocen la épica ni lo extraordinario, pero a las que la piedra en el zapato les va haciendo una úlcera que no puede cerrarse, porque, a cada paso, la piedra hace rozadura. Y es que, cuando lo que afrontamos es inmenso, somos reconocidos en nuestro "karma"; pero, cuando nadie ve –a veces ni nosotros mismos– a nuestro enemigo, nuestra herida no es reconocida.

Cambia el tamaño de estas piedras por el de las decisiones que tienes pendientes, ya que es esta la razón por la que te hablo aquí de Sísifo. Son esas decisiones las que te mantendrán en tu camino o las que te alejarán de tu cauce. Prestamos mucha atención y otorgamos mucha trascendencia a las decisiones importantes –piedras gigantes–, como cambios de trabajo, de ciudad o de país. O dejar una relación o tener un hijo. Claro que son importantes, no seré yo la que diga lo contrario, pero qué tal si hablamos del peso de las pequeñas decisiones que tomamos cada día. Muchas son las microdecisiones inconscientes que nos terminan ahogando. Decisiones tan pequeñas pero tan constantes que nos van quitando la sonrisa y la espontaneidad, que son valiosos signos de alegría. Estas son las piedritas en el zapato y las que nos terminan sacando del camino. Las pequeñas piedras que nadie ve y, por tanto, nadie admira. Las que nos ulceran y nos llagan sin que nos demos cuenta. Ojalá estas palabras te permitan ubicar tu piedrita existencial en tu zapato. Ojalá te inviten a parar y a sacar esa molestia silenciosa pero punzante. Ojalá puedas seguir caminando, sin roce, sin dolor, porque el camino es largo. Todos te admirarán por tu capacidad con la piedra grande. Nadie reconocerá el poder de una piedra en el zapato, y esa es la que duele.

Como especie, los seres humanos somos absolutamente extraordinarios. Por ejemplo, nuestra capacidad de cicatrización física es la de una máquina perfecta. Los diferentes sistemas de nuestro cuerpo –circulatorio, respiratorio, digestivo, reproductor, etc.– son impecables, auténticas obras de ingeniería, mecanismos sublimes de supervivencia. Y, a la vez, somos increíblemente vulnerables. Ya no sólo a los fenómenos naturales, puesto que nada podemos hacer frente a un tsunami, ante ciertos terremotos o ante la fuerza de la naturaleza, sino que también somos absolutamente vulnerables a lo sutil y a lo intangible. ¿Quién puede resistirse ante la mirada fija y sincera de la persona que nos ama y amamos? ¿Ante la carcajada de un niño? ¿Ante la alegría de nuestra perra, nuestro gato, un caballo o el animal que sea? ¿O ante la BELLEZA, simple y en mayúsculas?

Aceptar nuestra vulnerabilidad ante la belleza y ante lo esencial es nuestro gran superpoder como especie.

> **Nuestra verdadera fuerza
> es aceptar la vulnerabilidad.**

Recuerda: nunca somos tan vulnerables como cuando somos felices, cuando nuestros deseos se han colmado (y ha nacido nuestro hijo, y nos hemos enamorado, y las analíticas han salido limpias…), y nunca somos tan fuertes como cuando hemos llegado a ese punto de inflexión vital donde no tenemos nada que perder.

Presta atención a ese último párrafo: en lo que nos da fuerzas está realmente nuestra vulnerabilidad, y en lo que sentimos que nos hace débiles está la simiente de nuestra capacidad de resiliencia. No podemos ser nuestro asunto pendiente. Debemos prestarnos atención y cuidado.

Es interesante lo mucho que se habla de cultivar el espíritu de servicio, y cómo ignoramos que el espíritu de servicio es, o debería ser, con uno mismo. Dedicarnos tiempo a nosotros mismos no es ser egoísta, es ser responsables.

> **Necesitamos respetarnos para que después
> no necesitemos que vengan a rescatarnos.**

Rescatar y respetar son dos mundos a una sílaba de distancia. Sí, en realidad son dos verbos, tan similares en lo aparente como opuestos en lo profundo, porque abren puertas a dos realidades muy dispares. El día que seamos capaces de respetar nuestra esencia, nuestro cauce y nuestro destino ya no necesitaremos el rescate.

Hablando de cauces, existe uno por el que me gusta mucho pasear. A unos kilómetros de donde vivo existe un río que se llama Ser. Los carteles de carretera lo escriben

"El Ser". Para mí, que escribo siempre mezclando lo literal con lo metafórico, lo explícito con lo implícito y lo real con lo simbólico, eso es poesía pura. Pero juro que el río se llama así. Soy tan rocambolesca que siempre que lo cruzo pienso en Heráclito, cuando dijo aquello de que nadie se baña dos veces en el mismo río, y me pregunto qué pensaría él de que, además de no poder bañarnos dos veces en el mismo río, ese río se llamara –de entre todos los nombres posibles– El Ser. Y es que no somos los mismos que hace un año. Ni que hace dos. Ni cinco. Ni hace veinte o veintiséis. Y no es por eso que dicen de que nuestras células del cuerpo se renuevan cada siete o diez años, es que lo que nos cambia es otra cosa. Nos cambian las pérdidas que sufrimos por el camino. Y nos cambian algunas ganancias…, las ganancias de algunos kilos, sí, pero sobre todo las ganancias de aquellas personas que se van incorporando a nuestra vida. Nos cambian los sueños cumplidos, las sorpresas y los sustos. Los pequeños éxitos cotidianos. Y también los fracasos. Nos cambia lo que leemos, las películas que vemos y las decisiones que tomamos. Pero definitivamente nos cambian nuestras ausencias, porque ganamos muchas de ellas con los años. Es interesante ver que las ausencias no se pierden, sino que vienen, que están con nosotros, se acumulan y nos acompañan en silencio para el resto de nuestras vidas. En todos estos giros de la vida, El Ser que somos cambia. Es verdad, nadie puede bañarse dos veces en el mismo río, pero quizás podemos cruzarlo… y comenzar de nuevo en la otra orilla.

> **A veces, el puente que nos une a la otra orilla somos nosotros mismos.**

Rendirse a la corriente no será cómodo al principio, pero después, al abandonar la lucha, podremos poner nuestra atención –y la energía– en observar el paisaje, el trayecto vital. Seguir el propio cauce nos garantiza el cumplimiento del propio destino.

La buena noticia es que todavía queda espacio para la fascinación. Nos pueden fascinar palabras ajenas, o el nombre de un río, o una ballena solitaria. También la mitología, griega o finesa, o los cuentos persas. Nos puede fascinar tomar conciencia de que los animales también son conscientes de las ausencias. Queda y quedará esperanza cuando todavía nos fascine descubrir un arco iris tras una breve, aunque intensa, tormenta, o mirar los primeros copos de nieve que se crean de la nada en silencio –como por arte de magia– y cubren la ciudad.

Lo que nos fascina tiene que ver, en la mayoría de las ocasiones, con lo natural. Y lo natural trata siempre de lo esencial. Nos fascinamos, efectivamente, porque todavía hay vida en nuestro interior, y ese es el gran motivo para tratar de regresar, de *volver a volver* a nosotros, de volver a casa.

Busca la fascinación, lo inesperado y lo sencillo, porque son el reverso de la ausencia. La satisfacción también es importante, y además empieza por s. Al mundo de lo intangible –que es el mundo del alma– le encantan las eses: síntomas, sincronicidades, sueños y sorpresas también empiezan por s. También sonrisas y sinceridad.

A todos nos esperan en algún lugar, y será en ese lugar donde todas nuestras ausencias desvelen su sentido, y, por encima de todas las cosas, su belleza. Vuelve a casa. Vuelve a ti. Te estás esperando.

Es mejor para el corazón romperse
que no romperse

MARY OLIVER

AGRADECIMIENTOS

Gracias a todas y cada una de las personas que en el contexto del viaje psicoterapéutico, me permitieron asomarme a sus ausencias, y en ellas, tomar conciencia de las mías. Mi admiración a todas las personas que no se resignan y que encuentran en el ritmo de la corriente la vida las respuestas.

Gracias a Siglantana, una vez más, por darme un espacio y confiar de nuevo en lo que tengo que decir. Gracias Carles, de corazón por apostar por mí. Gracias, Silvia H, siempre en la retaguardia y siempre despierta. Gracias, Teresa, por tu forma de cuidar mis líneas.

Gracias a Silvia T, Ariadna de los sueños y de las sombras, pero también de los talentos. Gracias por enseñarme a bailar el cha-cha-chá de la vida.

Gracias, Neli, por hacerlo todo tan fácil siempre.

Gracias a Sascha Montenegro, por todo tu apoyo y grandes ideas. Parece que no te hago caso pero las escucho todas con muchísima atención. Me has enseñado a creer en el crear.

Gracias, Mel Sanchez, María Eulate, por compartir siempre desde tan dentro. Admiro vuestros caminos, y me enorgullece compartir trayectos.

Gracias a Clarice, una vez más. Por nuestros paseos inspiradores y llenos de serendipias. Cuántos párrafos te debemos, y cuántas cosas te debo…

Gracias a mis padres. A Carlos, por el respeto a todas mis decisiones, y a Roque, por tu incondicional apoyo siempre.

Gracias a mi madre, Juli, una vez más. Por todo, pero especialmente por enseñarme a manejar las ausencias más difíciles. Admiro mucho tu fuerza y tu capacidad de mantenerte siempre firme a pesar de todo. Siempre en pie.

Gracias infinitas a Fermín. Gracias por tus recursos infinitos y tus grandes ideas, por tu alegría, por tu humildad y por tu generosidad; por tu complicidad y esos abrazos. Gracias por acompañarme y guiarme.

Gracias absolutas a mi hijo Diego, por tu paciencia y tus palabras, por tus sonrisas y tu apoyo entusiasmado. Gracias por esperarme y por comprenderme. Gracias por respetarme siempre que te he pedido tiempo para escribir. Si te fijas, estamos logrando, a nuestro ritmo, (casi) todo lo que nos proponemos. No sé por cuanto tiempo será así, pero sea lo que sea, que sea juntos. Te quiero.